# 共働きなのに、お金が全然、貯まりません！

柏木理佳
Rika Kashiwagi

三笠書房

はじめに

# 結婚生活の破綻は「お金の問題が8割」

ファイナンシャル・プランナーである私は、お金についてのさまざまな相談をされます。

「金利が上がり、住宅ローンが払えなくなった」「年金が月6万円しか受給できない。どうやって暮らしていったらいいのか」といった相談から、「やっぱり株に投資するべきか」「今、マンションを購入すべきか」などといった比較的前向きな内容、そして、「兄弟仲が悪くて相続でモメて……」といった、深刻なものまであります。

彼らは共働きだったりして、実は決して年収が低いわけではありません。共通点はなんと言ってもお金の管理が下手なことです。

一人の時よりも、カップルになって同棲したり、家族が増えたり、親と同居したりと、他人との関わりが増えるほどお金のトラブルは増えていくものです。言いにくいからと遠慮しているうちに、人間関係がギクシャクすることも多々あります。

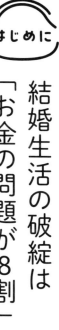

結婚相談所「パートナーエージェント」が2022年に既婚男女にアンケートを実施した結果、「夫がお金を管理している」と幸福度が73・99％と高く、「妻が管理している」では71・1％でした。しかし「夫婦とも家計の管理はしていない」場合は、10・9％と低い結果になりました。

つまり、きちんと予算を立てて健全な収支を積み重ねれば貯金が増え、満足度も高まります。たとえ給与が安い夫でも卑屈にならずに済むので、自己肯定力も高まるのかもしれません。

米クレイトン大学のエドワード・ホーウイッツ博士は、「結婚生活の破綻の8割が金銭問題」と指摘しています。無駄づかいが多くて予算を守らないと、家族の信頼関係がどんどん崩れていくのです。

海外では、結婚を機に大半の夫婦が、普通預金口座やクレジットカードを共同で使える「家族カード」を作成します。米国の多くの研究では、この家族カードは幸福への影響に大きな効果を及ぼすそうです。

家族カードのみを利用後、「二人の関係にとても満足している」と答えた割合が60％と最も高く、55％が「お金のことで喧嘩することはない」と回答し、別々に口座を作っている39％より高くなっています。

2年後の調査でも、時間の経過とともに良好な関係が冷めて結婚満足度が下がる夫婦が多い中で、「銀行口座を共同用として一つだけにしている夫婦は結婚満足度を維持している」と指摘しています。逆に「家族口座を利用していない夫婦は週に3回以上金銭問題に対して口論する」と答えているのです。

つまり、お金の管理を一つにすると、問題や不安が解決され、幸せにつながるということです。

また、子供の学費、塾にお金をかけるべきかどうかなどは、自分自身が塾に通っていたか、私立学校出身者かどうかなどの経験によっても異なるでしょう。これらはこれまでの習慣や癖、性格も関係していて、対策をとらなければなかなか治らないかもしれません。

そこで本書では、新婚時代から子供が成長し、二人の老後を考える時まで、必要なお金を上手にコントロールする対策を詰め込みました。お金が貯まり、幸せな夫婦生活を送れるよう、少しでもお役に立てれば幸いです。

柏木理佳

# 目次

はじめに 001
キャラクター紹介 013

Chapter 1
## 「お金が貯まらない」にはワケがある！

1 パートナーに無駄づかいをやめてもらうには？ 016
1万円以上の買い物用に「自由口座」を作りましょう
✧男女のお金の価値観は違う
✧家族用クレジットカードで情報を共有化
2 外食代を払うべきは、どっち？ 028

支払いはそれぞれの給与割合に比例させましょう
◆お互いの手取りを確認し合う
◆支出額は全国平均を参考に

3 「お金が貯まる夫婦」になるには？ 042
おこづかい制をやめて、共有口座を作りましょう
◆二人の給与を同じ口座にまとめる
◆「目的別口座」を作って強制貯金

Chapter 2
## ポイントは「目標」と「見える化」

4 なぜ、こんなに引き落とし額が増えてしまったのか？ 062

「ざる勘定」をやめ、不要な支出を洗い出しましょう
✧流動費をどこまで減らせるかがカギ
✧必要性に応じて支出を3つに分ける

5 例えば、不妊治療をするのであれば…… 072
公的医療保険と生命保険を上手に活用しましょう
✧「期限」を決めておくことも大切
✧「助成金」をあまりあてにしない

6 幼児期の子育て費用をどう捻出する？ 078
できる範囲で働き、助成金を最大限活用しましょう
✧オムツ代だけでもこれだけかかる
✧自治体のサイトで確認しておきたいこと

Chapter
# 3
# 住宅、車、教育資金……どうする？


7 収入が増えたけれど、出費も増えていく…… 086
損しないように働く知恵を身につけましょう
✧100万円、103万円の壁とは？
✧「働き方」を上手にコントロールしよう

8 ますます重くのしかかる教育費をどうする？ 094
返戻率の高い学資保険に着目しましょう
✧この低金利時代の強い味方
✧子供の医療保険は不要

9 今、マンションを買っても大丈夫？ 102
住宅ローンの金利に敏感になりましょう
✧ 中古を買うならこんなマンション
✧「5年ルール」「125％ルール」を活用

10 共働き夫婦が家を買う時の方法は？ 120
「ペアローン」という選択肢も検討しましょう
✧ ペアローンのメリット・デメリット
✧ 離婚した場合はここが面倒

11 家のローンもあるのに、車を買って大丈夫？ 128
「カーシェア」も選択肢に入れましょう
✧ 車は維持費も高い
✧「残価設定ローン」を活用するのもあり

Chapter 4 こんな「予想外のこと」にも備えておく

12 保険——例えば、フリーランスになったら？ 136
フリーランスは「医療」と「年金」に注意しましょう
✧入るなら「がん保険」
✧フリーや自営業こそ個人年金を

13 将来の年金を少しでも増やすには？ 150
国民年金基金などへの加入を検討しましょう
✧真面目に国民年金を払い込んでも……
✧こんな「年金を増やす」制度、方法がある

14 親の介護費用、どうやって工面する？ 156
一人で抱え込まず、各種制度やサービスの活用を
✧親にはなるべく施設に入ってもらう
✧自分の働き方を改めて見直すことも必要

## Chapter 5 無理のない投資を始めてみよう

15 金利上昇局面では、「投資」ってどうなの？ 166
まずは「変動金利の国債」を買ってみましょう
✧「個人向け国債」は安心、安全の元本保証
✧今後、金利上昇がますます進むと……

16 インフレ時代の株式投資のコツを教えて！ 174
新NISAを活用し、長期目線で投資しましょう
✧「長期、分散、低コスト」が鉄則
✧「外貨預金」の賢い使い方

17 定年後の仕事、生活はどうする？ 188
副業すれば、老後は1000万円で生活できます
✧これまでのスキル、キャリアを活かして——
✧iDeCoはやろう

おわりに 196

編集協力／竹石 健（未来工房）
本文イラスト／冨田マリー
本文ＤＴＰ／株式会社ＳｕｎＦｕｅｒｚａ

# キャラクター紹介

## 柏木理佳先生

テレビでもおなじみのファイナンシャルプランナー。お金のことで悩む夫婦を助けずにはいられない。今回も突如現れ、お金の悩みを解決していく。

## 健司 と 美咲

元同僚同士で結婚した共働き夫婦。でも、お金がなかなか貯まらず、金銭感覚の違いから喧嘩をすることもしばしば。そんな折、柏木先生にお金の貯め方を教わる。

# Chapter 1

# 「お金が貯まらない」にはワケがある！

ありがとうございましたー
……
おいしかったー
チーン
…オレばっかり支払っているのおかしくない？
ムッ
ボソッ
だって私、給料少ないし…もっと安い店にしようって言ったじゃん
ちょっとまったー!!!
エッ
ズザー
支払いはお互いの給料に応じて払えばいいんですよ
!?
ほー
だ…誰!?
ボロッ

1

# パートナーに無駄づかいをやめてもらうには？

## 結婚3か月でわかった現実

結婚して3か月経つが、「妻・美咲（30歳）は節約できないタイプ」と夫・健司は感じている。同じ会社で働いていた時は、机の上はいつも整理整頓されていたし、お弁当も持参していたから、ちゃっかり屋と思っていた。

健司は、ＩＴ関連子会社のエンジニアのアシスタント、美咲は後輩の営業職だった。美咲が退職してから5年ぶりにＳＮＳで再会し、スピード結婚することになった。

健司（36歳）も美咲も貯金が多少あったが、新居に引っ越した時の費用などで、底をついてしまった。

健司の月給は約30万円。そこから所得税５９５０円、住民税１万２７４１円、健康保険料１万５０００円、厚生年金保険料２万７４５０円、雇用保険料１８００円を差し引くと、残りは手取り約23万円にしかならない。決して潤沢とは言えない。

その約23万円から家賃と管理費、光熱費、二人分のスマホ端末代に通信費、固定電話などの固定費に食費、交際費を引かないといけない。幸い、家賃はURの団地に入居することができたので、7万円で済んでいるが、職場のランチ代、クリーニング代や美容代や洋服代などもある。

美咲は派遣社員で3か月ごとの更新のため、「とても不安」と言っている。だから、つい、固定費など家計の支払いは自分が払うと、健司は胸を叩いてしまった。

美咲は「そろそろ子供をつくりたいから自分の給与分は貯金する」と約束したから、健司は全額貯金しているものと疑わず、「どれだけ貯まってるんだろう」と、わくわく期待していた。それなのに美咲は7万円も化粧品や衣類、グッズなどを購入していたこともあった。

「女性にはそれなりに必要なものがあるのよ」というのが美咲の言い分。健司の独身時代のおこづかいは毎月10万円以上。それを自由に使っていたのが、今は家計を第一に考えて3万円もない時もある。それなのに……。

必要なものがあるのはわかるけど、ここで無駄づかいをとめないとまずい。どうしたらいいのだろうか……健司は考え込んでしまった。

# 1万円以上の買い物用に「自由口座」を作りましょう

## ✧男女のお金の価値観は違う

結婚後、最初に気まずくなるのがお金のことです。健司が大変なのはわかりますが、それは「自分が家計を支える」という決意があったから。本来、家計は二人が共同で運営するものですが、健司は「所得が多い自分がなんとかするから、妻の分は貯金に回してほしい」という見積もりがあったのです。

一方、新妻・美咲にとってみると、新たに夫の給与が入るので、家計への安心感が生まれます。独身時代は少ない自分だけの給与で暮らしていたのですから、その反動で、財布の紐も、ついついゆるくなりがちです。

でも、美咲が口にした、「貯金する」とか「節約する」という言葉は曖昧な表現です。健司は約束したものと考えていますが、妻の美咲は気軽に口にしただけでしょう。話すほうと受け取るほうでは、誤解が生じやすいものです。そのうち、どんどん誤解が拡大し、喧嘩が絶えなくなるかもしれません。そうならないように、早いうちにルールを決めておかなければなりません。

「女性はブランド品をやめられず、男性はキャバクラ通いをやめられない」というケースもあります。男女、お互いに相手の価値観はわかりえないものです。

総務省の家計調査を調べてみると、定年後、服への支出が減少する男性に比べ、女性はそこまで減少していません。嗜好や趣味の違いは男女で異なるのが当然で、趣味の自由にまで口を出すのは喧嘩のもと。高い化粧品や衣服で着飾り、「美しくなることが妻の役目だ」と思っている可能性だってあります。これを一喝するわけにはいきません。

## ✧1万円以上の買い物は話し合う

なので、まずは金額ベースで考えましょう。買うものの内容そのものではなくて、限度額を設定することです。

私がよく訪問するイギリス人の夫婦は、毎回1万円以上の買い物は、話し合ってから買うかどうかを決めるというルールを設定していました。そうすれば、バーゲンにつられてつい同じような色の服やグッズばかりを買ってしまったり、妻がいいと思った雑貨や小物、インテリアを夫は気に入らなかったりという〝事故〟も避けることができます。それに、これはお互いの趣味を理解するのにも効果的です。

最初は1万円くらいから始めて、食費など項目別の支出を把握して話し合えるようになったら、5000円にするのが理想です。本当に効果的ですから、健司たちのような新婚さんは試す価値があります。

例えば、1万円以上の服が欲しいと思った場合、その場で即決せず、一旦スマートフォンで撮っておくのです。そして自宅に戻ったらその写真を二人で見て、買うべきか話し合いましょう。

この時、夫婦間で不公平にならないように、今月は妻が1万円分の服を購入したら、来月は夫が1万円分の何かを購入するというふうに、年間で使う金額が同じになるようにルールを決めることも大切です。

次のページの表は、30代後半の平均支出です。まずは、自分の支出が多いのか少ないのかを比べて、多い場合、その項目の支出を減らしてみましょう。

## 1か月の支出を書き出してみよう

| 項目 | 全国平均（30代後半） | 夫 | 妻 |
| --- | --- | --- | --- |
| 食料 | 8万716円 | | |
| 通信費 | 1万1275円 | | |
| 自動車関連 | 2万4694円 | | |
| 衣類（洋服・靴等） | 1万1362円 | | |
| 外食代 | 1万8561円 | | |
| 光熱・水道 | 2万1912円 | | |
| 理美容サービス代 | 2940円 | | |
| 交際費 | 9403円 | | |

2023年「家計調査」世帯主の年齢階級別1世帯当たり1か月間の収入と支出
第3－2表（35～39才）より

## ✧生活費以外の「自由口座」を作る

とは言え、お金の話はデリケートなので、すぐに喧嘩になって、気まずくなる場合もあります。そんな場合には、夫婦共有の「自由口座」を作ることをおすすめします。自由口座とは、自由に引き出せる「余裕資金を貯める預金口座」のことです。

それは、どうやって作ればいいのでしょうか。

まずは、給与口座から家賃や光熱費などの生活費を引いた残りの余裕資金を、別の口座に入金します。今は、ネットバンキングを使って手数料無料で移行できます。

その際に大事なのは、家賃や光熱費、サブスクなどの固定費の引き落とし日を、給料が支払われる日と同じ日か翌日に指定することです。例えば、給与日が25日の場合、固定費の引き落とし日を25日か26日にすると、それらがすぐに引き落とされるので、残高がすぐにわかります。すると、差引残高が一定の金額になり、管理がしやすくなります。

健司と美咲の場合を考えると、その給与日の25日以降の残金（二人の場合1万円ほど）が自由に使えるのですが、わざわざ別口座に移行することに意味があるのです。それは、「自由に使えるのは移行した残金だけ」という意味を強めるからです。

先ほど、美咲の〝財布の緩み〟を問題にしましたが、健司にだってその意識が台頭しないとは限りません。健司の場合、月収から家賃と生活費、それにおこづかいの3万円が出ても、使える残金は約1万円しかないのですが、たった1万円でも、それをわざわざ別口座に移行することに意味があるのです。使わない月はその分が貯まりますし、使う時は、美咲と話し合うようになる。そのことが大事なのです。

そして、口座から毎回、引き出して現金で支払ってもいいのですが、プリペイドカードやデビットカード、あるいはクレジットカードの引き落とし口座に移しておけば、いっそう管理がしやすくなります。

## ✧家族用クレジットカードで情報を共有化

クレジットカードなら、家族カードがいいでしょう。これらは、契約者が本会員となり、配偶者や子供などが家族会員になるもので、事前に登録した家族が利用できます。利用金額は、その本会員の口座から引き落とされます。

日本では、よく、専業主婦や遠方に住んでいる学生、子供を留学させている場合などに、家族カードが使われています。家族が利用する時は、その家族がサインします。最大のメリットは、家族が何に支出しているのかを明細から確認できることです。反対に、もし夫婦が別々のクレジットカードを持っていると、明細は本人にしかわからないので、いつまでも内緒で買い物ができてしまいます。

家族カードはポイントも合算されます。クレジットカードの利用状況が確認できて、連携すると、家計簿機能を搭載しているアプリもあり、クレジットカード、銀行口座、電子マネーなどの管理がひとまとめにできます。

そうでなくても、一人でクレジットカードを2~3枚も持っていると支出の管理が面倒になってしまいます。家族共有で一つのクレジットカードだけに絞れば、支出の情報が共有化できます。

口座から引き出すだけでなく、次のように家族カードを使うこともできます。

給与口座から家賃や光熱費など毎月必要な支出を引いた残金を、たとえ1万円でも、別な口座に移行後、クレジットカードの引き落とし口座にすると、それが家族用贅沢カードになります。このクレジットカードは、日頃は大事にしまっておき、毎月の末日だけに取り出すというルールを作ります。すると、残金の1万円を使うのは贅沢という考えになりますし、クレジットカードを使う=話し合いをするということになります。今月は誰の何のために使うかという話し合いが楽しみになってくるはずです。

私が住んでいたシンガポールやオーストラリアでは、数十年前からいろいろな夫婦がクレジットカードを共有で利用しているのを目にしました。夫婦が契約書にそれぞれサインをして申し込むのです。二人が利用したお金が一つの口座から引き落とされるので、明細が明らかになります。ある知人夫婦は、必然的に、何を買いたいのか、事前に話し合うようになったと言います。

また、買い物をするとすぐに収支が明らかになる家計簿アプリを使うのです。銀行口座からの残金もすぐにわかるので、二人で確認し合うことができます。これについては後でご紹介します。

## ✧プリペイドカードで無駄づかいを防止

とは言え、クレジットカードには難点があります。それは、口座に入っている残高以上に使ってしまうというリスクです。たとえ1万円しか引き落とし用の口座になくても、クレジットカードでは、それ以上に使えるのが難点です。

そういった場合は、プリペイドカードやデビットカードをメインにすることです。海外のようにデビットカードを使える店が普及すれば、デビットカードをメインに利用するのが一番いいのですが、日本では今はまだそこまで普及していないので、プリペイドカードがおすすめです。クレジットカードと見た目は変わらないプリペイドカードもありますし、コンビニエンスストアのＡＴＭでチャージが簡単にできます。プリペイドカードでもポイントが貯まります。

カードを使わずスマホで決済できる何とかＰａｙもありますが、これは、おすすめしません。あくまで1万円を夫婦で話し合って同意を得てからカードを持参して買い物に行くことです。

美咲のように、時に無駄づかいがある場合は、月収から食費や光熱費などを差し引いた残金から自由に使える口座を作り、その口座に紐づいたプリペイドカードで買い物することです。そうすれば、1万円の価値が実感できるでしょう。そのうち、美咲の給与口座も紐づけて、共有化するといいでしょう。自動積立にして定期預金にするのも有効な方法です。

## 家族で使えるおすすめのクレジットカード・プリペイドカード

### ▶クレジットカード

| | |
|---|---|
| 三井住友カード(NL) | ●ナンバーレスでセキュリティ強化<br>●ポイント還元率が0.5〜8%と高い<br>●**ゴルファー保険、個人賠償保険、携行品損害保険、入院保険などから付帯保険を選択できる** |
| イオンカードセレクト | ●**キャッシュカード、クレジットカード、電子マネーWAONが一体に**<br>●ポイント還元率0.5〜1%<br>●ショッピングセーフティ保険が付帯されている |
| ドコモのdカード | ●**29歳以下**に国内旅行障害保険付帯だけでなく**国内航空便遅延費用特約**もついている<br>●ポイント還元率1〜4% |

### ▶プリペイドカード

| | |
|---|---|
| 三井住友VISAカード「かぞくのおさいふ」 | ●ATMで事前に入金した金額が限度額だから、使いすぎない<br>●カードやスマホで利用可能 |
| スマートバンクのB/43(ビーヨンサン) | |

# 2 外食代を払うべきは、どっち？

## なんか、自分だけが損している気が……

結婚生活がバラ色だったのはつかの間、最近は健司も美咲も、お互いムッとした表情が多くなり、余計な気づかいが増えた。原因は、お金のことである。

結婚後、真面目な健司はやむなくコンサートや友人との飲み会も減らし、スポーツジムもやめて、節約せざるを得ない。一方、美咲は相変わらず悠々自適な感じで、いつの間にか見たこともない服を着ていることがある。

「なんか、自分だけが損している気がするなあ」というのが、最近の健司の心の叫び。でも、美咲に金銭感覚が芽生えて、財布の中を毎日細かく管理されるようになったら嫌だ。不満をぶつけて、最悪のケース、離婚されても困る。

そこで、話し合いの結果、前項で学んだように残金をプリペイドカードに入金し、1万円以上の服やバッグを買う時には、お互いに相談することに決めた。でも、健司の給

与口座から生活費を全部引いているので、カツカツであることに変わりはない。

唯一の楽しみである同僚とのランチ代1万7600円（800円×22日）とワイシャツやズボンなどのクリーニング代1400円、おこづかいが出た場合、それを引くと、使える残金は約1万円あるかないか。

だが、最近の物価高で、これも不足気味である。そこで光熱費を「まとめ払い」で安くしたり、スマホは安い料金プランに変更したりした上に、これまで貯まったポイントを駆使してなんとか、今月は1万円を工面した。

しかし美咲は、その話し合って買い物している1万円以外は、何に使っているのかわからない。自分の給与を自分の口座に入れて好きに使っているようだ。

最近は外食が増えた。結婚記念日やお互いの誕生日だけでなく、気分転換がしたくて、ほとんど月に一度は、近所のレストランで食事している。ついお酒を飲んだりデザートを注文したりするから5000円を超える。お会計は誰が払うのか……。美咲は「財布に現金が入ってない」とか「クレジットカードも持ってきてない」とか甘えてくる。

結局、いつの間にかお酒で気持ちが大きくなっている健司が払うことになる。お酒を飲むのは自分なのでその分だけ高いだろうし、給与が少ないことの後ろめたさもある。

美咲の貯金は、今どうなっているのだろう。健司は心配になった。

# 支払いはそれぞれの給与割合に比例させましょう

## ✧我慢、不満はいつか爆発する

結婚という同居生活では、必然的にお金が絡んできます。単純計算をすると家賃、一人あたりの光熱費は一人暮らしの半分になるはずです。物欲がなく、多忙な二人なら遊びに行ったり買い物に行ったりする時間もないので、その分、自然にお金が貯まるはずです。

でも計画性がなく、先のことを考えない者同士だった場合、外食やコンサートなどを楽しんで、支出も2倍に膨らんでしまうでしょう。

結婚後、2年も経過すると、同じ収入なのに、数百万円の貯金ができた夫婦もいれば、支出だけが2倍に増えて、すっからかんで借金までしてしまった夫婦もいます。たった2年で、これほど大きな差がつくのです。

最もよくないのは、お金の支払いについて話し合うことをせず、気をつかい合って我慢してしまうことです。そんな我慢は、いずれ爆発します。

まずは、何に我慢しているのかを自問して、明確にすることです。

ちょっとずつの我慢でも、いつも曖昧にしていると、自分の中でもうまく表現できないので、結局、説明もできないままになってしまいます。その結果、離婚にまで発展する例も多々あります。

## ✧お互いの手取りを確認し合う

そうならないようにするためには、次のような2段階を経て対策するのがおすすめです。

### 1．月収の手取りを確認

まず、お互いに正確な数字である月収の手取りを再確認します。口頭で話すだけ、聞くだけで済まさず、会社から今月はいくら振り込まれているのか、実際に明細と給与口座で具体的な金額を目視、確認し合うことです。今月は残業が多く、月収が増えたということもあり得ます。

特に、3月は期末調整されることが多く、月収が半分に減ることもあります。社会保険料や年金なども差し引かれていますので、それらを引いた手取り額をWEB口座や通帳を見せ合い、ちゃんと確認し合うことです。

これが一番大事なスタート地点です。相手に対して思いやりを持つには、まず事実確認が大事です。金持ち夫婦になれるかどうかの分かれ目ですので、毎月、月末に確認し合う習慣をつけましょう。

さらに、年度末には、二人の源泉徴収票を見せ合うことです。家を買ったり副業をしたりした場合や、確定申告の際の所得税の控除などにも役に立ちます。

これができたら、次のステップです。

## ✧支払い額は収入に比例させる

### 2．それぞれの収入に比例して支払いの割合を決める

健司は「自分の給与口座を見せるから美咲も見せて。交換しよう」と切り出すことが

できました。

健司は年収360万円で月30万円ですが、毎月の手取りは次の①から⑤の税金や社会保険料を差し引くと23万7059円だけです。

（月30万円－①②③④⑤＝23万7059円）
①所得税5950円
②住民税1万2741円
③健康保険料1万5000円
④厚生年金保険料2万7450円
⑤雇用保険料1800円
業績がいい今年の場合は、6月に、たまたま1か月分のボーナスが追加されました。しかし、美咲は、健司の給与が予想以上に少ないことを改めて確認して、少しショックを受けました。

美咲の場合は年収312万円。契約社員なのでボーナスはありません。月収26万円で、手取りは20万3317円でした。

（月26万円－①②③④⑤＝20万３３１７円）
①所得税５５６０円
②住民税1万３８００円
③健康保険料1万２７５３円
④厚生年金保険料２万３７９０円
⑤雇用保険料７８０円

お互いに、健康保険料などが引かれていることを計算していなかった上、相手はもっとたくさんもらっていると勘違いしていたのです。

美咲は、健司の手取り額を知って、「自分の給与からも引き落としてもいい」と言い出しました。これは、すごい進展です。

一方、健司も、美咲が雇用保険や年金をちゃんと払っていることに安心し、そこまで将来のためにガメツク貯金しなくてもいいという気になりました。心に余裕が生まれました。これだけでも、お互いを思いやる気持ちが増えたと思います。

## お互いに手取りを確認し合おう

| | 健司 | 美咲 | 夫 | 妻 |
|---|---|---|---|---|
| 月収 | 30万円 | 26万円 | （　　）円 | （　　）円 |
| 健康保険料 | （1万5000）円 | （1万2753）円 | （　　）円 | （　　）円 |
| 介護保険料 | | | （　　）円 | （　　）円 |
| 厚生年金保険 | （2万7450）円 | （2万3790）円 | （　　）円 | （　　）円 |
| 雇用保険料 | （1800）円 | （780）円 | （　　）円 | （　　）円 |
| 所得税 | （5950）円 | （5560）円 | （　　）円 | （　　）円 |
| 住民税 | （1万2741）円 | （1万3800）円 | （　　）円 | （　　）円 |
| 手取り | 23万7059円 | 20万3317円 | （　　）円 | （　　）円 |

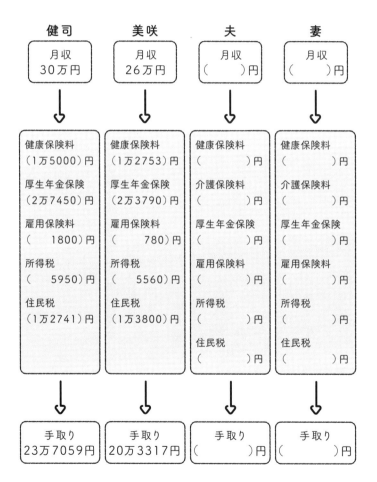

## ✧「支出予算」をちゃんと決める

続いて、お互いの給与をもとに、各項目の支払いの割合を決めていきます。

ここでは計算が単純にわかりやすくなるように、健司の給与が30万円、美咲が26万円を3対2として、全支出の項目をそれぞれの割合と比例させます。こうして、健司が3なら美咲が2で、すべての項目の支出を3対2の割合にするのです。

例えば、レストランの支払いが5000円なら3000円を健司が払う、2000円を美咲が払うとなります。現金を持ち歩いていない場合もあるでしょう。また、計算も面倒です。それでも、スマホの計算機で計算して、後で払ってもらうようにしましょう。

つまり、美咲は自分の給与口座から、この自分の分を払うことになります。いささか面倒ですが、「自分がどれだけ家計に責任を持っているか」を確認する上で、大事な作業だと考えてください。

ただ、その前にすることがあります。それは予算を決めることです。

例えば、楽しみな外食から考えてみるのはどうでしょうか。ちなみに、月に1回出かけるレストランは、お財布と相談して飲食店を選べるように下調べしておくことです。

これまでのレシートから推測すればよいのです。レシートを保管していなければ、メニュー看板から計算しましょう。

近所のイタリアン・レストランは二人で1回1万円近くするけれど、ワインとデザートをやめれば5000円で済む。焼き肉屋さんは、焼酎1杯とアイスクリームを含めても二人で1回4000～5000円になる……というふうに数字を頭に入れること。

そうすると、その月の使える残金に応じて、どこのレストランに行くことができるのかがわかります。もし仮に、週末いつも外食するとなると、土日は1か月に8日ほどなので、5000円ずつなら4万円、1万円ずつなら8万円の支出になってしまいます。

「どちらが払うか」については、前に述べたように3対2の割合で計算してみたらよいのです。

もしも1か月の外食の項目で1万円の予算を組む場合、3対2で、健司が6000円、美咲が4000円になります。

このように、一つひとつすべての支出の項目ごとに分けて予算を立てます。それらを3対2で払うように設定し、その金額を算出するのです。

## ✧習い事への支出は、実は大事なポイント

現在、健司の手取りの約23万円から家賃と光熱費、通信費、食費などを差し引くと、倹約時は3万円が残ります。

これを細かく項目を分けて予算を立てるのです。

習い事などについてもちゃんと項目を立てましょう。幸福度の高い人は平均で4つの習い事をしているというデータもあります。お金のために趣味を我慢すると人間の幅が狭くなって、魅力も失われてしまいます。

実は習い事にかける費用は、2023年の二人以上の世帯・勤労世帯で月3676円です。油絵の絵画教室やイラスト教室、声楽レッスンなど希望の習い事が市民講座にはない場合は、本格的なものを受講するしかありません。習い事は不要不急ではありませんが、続けていけば人間性が豊かになるし、また将来、講師やイラストレーターになって副業として稼げる可能性も出てきます。

そこまでいかないとしても、自分の適性をよく考えた上で、ストレス解消に役立つものを選ぶことです。お金がかけられない場合は、市民、区民体育館での水泳や空手教室

など、無料に近いレッスンもあります。

よく家を買うとか子供をつくるとか、資格取得など同じ目標を持つと、ゴールに向かって意気投合するという話を聞くと思います。例えば、年収300万円ずつの収入なのに、1年間で100万円貯めた夫婦は、夫が妻に「お金を貯めて夏休みと冬休みに、君の実家と海外旅行に行こう」と提案したところ、俄然やる気になって節約を成功させました。

また、「将来の副業のためにも趣味を大事にしたい」と持ち掛け、趣味を充実させ、10年後に実現させた例もあります。

ちなみに、スポーツクラブのうち、有酸素運動ができるなど、一定の条件を満たした指定運動療法施設の施設利用料は医療費控除に適用されます。厚生労働省のサイトに運動型や温泉利用型の健康増進施設の一覧が出ていますから、ぜひ参考にしてください。

## ✧支出額は全国平均を参考に

　このように、節約しながらそれぞれの支出項目について納得して予算を立てて、支払うようにすると、同じように支出すべきものでも、満足度が高まってくるはずです。

　前述した30代後半など同世代と比較したり、家計調査から全国平均や住んでいる都道府県の平均と比較したりして、各項目の支出に、こだわりや将来の夢などを話し合うと計画的になります。

　例えば、次の表のように夫婦二人の食費は全国平均で8万1738円です。物価が上がる前までは7万円台でしたが、だいぶ上がっています。

　私の場合は、食費などで節約した分をブランド品などの好きなものに使えるというルールにしたことで、相当節約したことがあります。美咲の場合も「食費と外食の予算から余った分を化粧品にあててもいい」というルールにすると、節約に気合いが入るかもしれません。

## 全国平均を参考に予算を決めよう

| 項目 | 全国平均（全年代） | 夫 | 妻 |
|---|---|---|---|
| 総支出 | 29万3997円 | （　　　）円 | （　　　）円 |
| | | | |
| 光熱費 | 2万3855円 | | |
| 通信費・交通費 | 4万2693円 | | |
| 食費 | 8万1738円 | | |
| 教養・娯楽 | 2万8630円 | | |
| 衣類・履物 | 9297円 | | |

2023年「家計調査」二人以上の世帯・勤労者世帯　第6－2表　用途分類項目の平均金額及び中央値より

＼ 家計調査から自分に合う
都道府県別、年代別を参考にしましょう ／

3

# 「お金が貯まる夫婦」になるには？

## ちゃんと話し合うべき時が来た

結婚して3年がすぎた。健司も美咲も相手が高価なものを買っているのを目にするたびに話し合って、贅沢口座からプリペイドカードで買うようにした。外食の費用もかっこつけずに、「今月は苦しいから安い居酒屋に変更しよう」と、相談して決めてきた。

こうして、少しずつだけれど前に進んでいると思っていた。健司は、お金のことをうるさく言うと嫌われるし、ただでさえ仕事がとても忙しい。同期入社の中でも、最も昇進が期待されている若手のホープと目されているので、家ではわずらわしい口論を増やしたくなかった。

ところがある日、美咲が実家のお母さんと電話で話している会話が聞こえて、健司は仰天してしまった。「貯金が増えないのよ」と話しているのだ。

あわててこっそり美咲の銀行口座を確認してみると、一時期はある程度の額があったが、今はたったの残高50万円。これまで毎月、給与入金直後の残高を見せてくれていたが、「数か月分貯まっているようだ」と、安心してアバウトにしか眺めていなかった。貯まっていた分は、その後、何かに使ってしまったということだ。

家賃と光熱費、通信費、食費などの主な家計費は、健司の口座から支払われている。だから美咲の月収はほとんど貯金に回っているものと期待していたし、先日も家計調査から品目別全国平均のページを印刷して机の上に置き、美咲もそれを見ていた。てっきり、姿勢を改めて、きちんと管理しているものと信じ切っていた。

このまま美咲に管理を任せておいていいのか？　ちょうど同じ時期に結婚した弟は「貯金が200万円できた」と話していた。しっかりものの奥さんだそうだ。

奥さんの管理次第で、こんなにも差が出るなんて。健司は弟にまで敗北した気分で、立ち直れない……。

美咲を問い詰めるのは気が重い。でも最低限、何に使ったかは明らかにしてもらわなければ、今後がますます心配だ。気まずい雰囲気になることを承知で、健司は美咲に話してみることを決意した。

# おこづかい制をやめて、共有口座を作りましょう

## ✧おこづかい制は日本だけ

健司と美咲は話し合いの結果、おこづかい制をやめることにしました。

ＦＰ（ファイナンシャル・プランナー）として私は、いつも「いくら夫がお金に無頓着でも、おこづかい制度はやめるべき」と、いろんなカップルに話しています。

海外に滞在している時、外国人女性にこう言われたことがあります。

「日本は、男尊女卑で男性のプライドをたてないといけない。レディーファーストではまったくない。でも、おこづかい制なんでしょ。給与を全部奥さんにあげるんでしょ？なんで？　自分のお金なのに。自分で稼いだお金を全部、奥さんにあげて平気なの？それともお金の計算ができないバカなの？」

私は即座に「日本企業は総務部が全部、源泉徴収から年金、中には教育ローンまで面

倒を見てくれるところもある。会社に任せっきりでもいい。だから、男性はお金に無頓着な人が多い」と話しましたが、納得できずに「信じられない」と、驚きを隠せない様子でした。

健司も、お父さんがおこづかい制だった経験から、自分もおこづかい制が当たり前という感覚でした。

でも実は、おこづかい制があるのは日本だけです。日本人は、給与をすべて妻に預け、預金口座は妻が管理しているという習慣があるのかもしれませんが、これは今の時代には合いません。繰り返すようですが、海外では公平に二人で話し合い、お互いが相当分を支出するのです。そのほうが妻の仕事もしっかりとキャリア形成の中に位置づけられ、お互いのキャリアや仕事を尊重し合うことにつながります。

社会的キャリアを認めてもらうといった感覚は、きちんと収入に比例して支出するという公平さに裏づけられてこそ得られます。それが今の時代の価値観を大事にするということです。おこづかい制は、相手を信用しているということでも、優しさの表明でもありません。むしろ、相手を自分の〝従属物〟として見ていることにつながります。

日本では、「給与が少ないから」と卑屈になる男性が多く、「少ないからこそ、おこづかい制にして給与を渡すしかない」と考える男性が多いようです。そんな日本人的な考えだと、女性は素直に甘えてしまいます。給与が少ないならなおのこと、自分でやりくりするべきなのです。

だいたい、健司はお金の管理を美咲に任せすぎです。それは、自分が無能だと公表しているようなものです。「聞くのが悪いから」と遠慮するのは、口論を避けて現実から逃げ出し、話し合うべきことを先延ばしにしているだけです。共有口座は愛の口座なのです。

次の表のように、まずは、それぞれ、買いたい物、やりたいことなどを考えてみましょう。

## ✧実家のお金の管理方法を確かめる

会社の経理部でも担当者一人に任せっきりにするのは危険なので、数人でチェックし合います。担当者が病気になったり事故にあったりすることもあります。

## 愛の共有口座を見える化して予算を作る

| | | 夫 | 妻 |
|---|---|---|---|
| 1月 | 実家に帰省する飛行機代 | 6万円 | |
| 2月 | | | |
| 3月 | 新年度用の道具など | | |
| 4月 | 夫の誕生日プレゼント代 | | 1万円 |
| 5月 | | | |
| 6月 | | | |
| 7月 | 海外旅行 | 10万円 | |
| 8月 | 夏服のバーゲン | | 5万円 |
| 9月 | 妻の誕生日プレゼント代 | 1万円 | |
| 10月 | | | |
| 11月 | | | |
| 12月 | クリスマスプレゼントと外食代 | 2万円 | |
| | 合計 | 19万円 | 6万円 |

家族も同じです。これは本来は、結婚前に、お互いの家族でのお金の管理方法がどうだったかを聞くことで、相手の金銭感覚を確認しておくことをおすすめします。最初は無理でも、デートを重ねていけば、だんだん話しやすい雰囲気が出てくるでしょう。両親は、おこづかい制だったのか、別々の家計だったのかなど、ざっくばらんに話せばお互いの価値観がわかり、金銭感覚を確認し合うことができます。

お母さんが家計簿をつけていたか、現金が机の上にポイと置かれたままで、それがいくらかも覚えていないといった、お金に対してルーズな家で育ったのか、収支バランスも考えないその日暮らしで育ったのか……。

また、両親は共働きだったのか、専業主婦か、自営業だったか、転職、転勤なしの会社員だったのかなどの背景によって、それぞれ注意する点が違ってきます。

美咲の場合、両親は比較的鷹揚で、金銭感覚もアバウト。それが彼女に投影していることも考えられます。これは一種の「癖」なので、一方的に叱ってはいけません。もしかしたら堅実に見える健司にだって、独特の癖があるかもしれません。今のところ「家計の支え手」という立場があるから、それが出ていないだけなのかもしれないのです。

仮にルーズな家庭同士の二人だったら、二人してちゃんと細かく家計簿をつけないと、家計が破綻しかねません。FPなどしっかり計算できる第三者にその都度、相談しましょう。そうでなければ借金ばかりが増え、面倒なことになります。

一人暮らし時代に金銭的苦労をしたとしても、自由にお金を使えるようになったら、その感覚が当たり前になって、いつまでもやめられなくなることはあります。自由に使える余裕が生まれれば、どんどん自分を甘やかしてしまいます。

## ✧貯金ができないことを一方的に責めない

美咲からすると、残高を気にするものの、健司から文句は出ないのですから、結局、自分に都合のいいように解釈します。こういった例はよくあります。

こんな場合は、貯金ができなかった美咲を責めるのではなく、「今後のことを考えて一緒に貯金をしようよ」と優しく持ちかけることです。実は、夫が陰で妻の悪口を話して、オタオタしている夫婦は多くいます。

最大の方策はおこづかい制をやめること。そして、試しに健司が家計を管理してみること。定額制にして、毎月、食費だけの決まった金額を美咲に渡すという方法です。これで美咲がうまくやりくりしてくれれば、貯金が増えているところを毎月証明することができ、嬉しさが増します。最近、こういった夫がお金を管理する夫婦も増えています。私の周りでは、給与が高かったり、姑が同居したり近くに住んでいるケースで多いようです。

しばらく経つと、貯金はかなりの金額になるはずです。「これを住宅ローンの頭金にしよう」と提案すれば、具体的な目標ができて、喜びを分かち合えます。しかし、この場合、その預金口座からは、健司だけが引き出すことができるようにすること。美咲には酷なようですが、「悪い」と思ってはいけません。それが二人の将来のためになるのです。もともと健司も独身時代は無駄づかいをしていましたから、美咲の給与を含めて、ちゃんと管理できるのかどうか、逆の立場になると、それはそれで心配です。

## ✧二人の給与を同じ口座にまとめる

方策はもう一つあります。美咲の給与の振込先を健司の口座と同じ口座に指定することです。そうすれば、支出の割合を3対2に分ける必要もなく、全額をその口座から払えばいいのです。

そうなると健司の約23万円と美咲の約20万円の合計約43万円が同じ口座に入るので、数字が見えやすくなります。そこから家賃と光熱費、二人分のスマホと通信費などの固定費と食費が差し引かれていくのです。

そうしたら、その次に目的別の支出項目を設定します。これは、二人で夢を語るということにつながります。共通の目標、夢があれば、お金のことも楽しく話せます。家を買う、子供をつくるなどの共通の目標について、明確に数字を定めてください。

まずは少額で、わかりやすい旅行の計画からでもいいでしょう。「今年の夏休みは8月20日から2週間、有給休暇を取得するから、今からツアーを探してみよう」などと提案するのです。

ポイントは具体的な日程まで決めること。口約束にならないように、はっきり目標を決めることが大事。そのために具体的に必要な額を計算します。旅行先が決まればツアー料金がわかりますので、そこから逆算して、その分を貯金しようというふうに、まず共通の目標を立てることです。

## ✧「目的別口座」を作って強制貯金

次に、給与が振り込まれる銀行と同じ銀行で、定期預金口座を作ります。そして、給与口座から自動的に差し引かれ、定期（積立口座）に移行する仕組みにしておくと便利です。

シンガポールでは、政府により「教育費」「年金」「医療費」「住宅購入用」の口座が別々に作られ、ほぼ強制的に、自分で自分のために預金します。

これは国の制度で、強制的にそれぞれの目的別の口座に積み立てるようになっています。かつ原則として引き出しができないので、必然的にお金が貯まるのです。「住宅購入用口座」のおかげで、国民の約9割の人がマンションを所有しています。

この考え方を取り入れて、大きな目的別の定期積立口座を作ります。

二人には本来、貯金できる残金が美咲の月収分20万ほどあるはずです。これを減らさないように、「住宅用」「子供・教育用」「旅行用」といった目的別の口座に自動的に、給与日当日に入金するようにするといいと思います。子供が生まれたら、これを返戻率が110％の学資保険に変更することもできます。

## ✧「インフレ対策」も頭に入れておく

ただ、口座から強制的に自動的に積み立てて定期預金に回すと、残高がマイナスになってしまう懸念もあります。特に、インフレ（物価高）時にはお金の価値が目減りするので注意が肝心。物価が上がっている時期には、同じ食料品を買っても出て行くお金が増えてしまうのです。

日本では、物価が上がっても、支出が増えるということを意識して、インフレ対策をとる人はあまりいないようです。

海外では、物価が上がり始めたら、すぐにお金の価値の目減りを想定して、保険の払い込み料金などを減らしたり、安い家賃の家に引っ越したりするなどのインフレ対策をとります。

健司と美咲の場合も、インフレや給与減少など、予想される状況に合わせて変更する必要があります。

例えば「生命保険の毎月の払い込み3万円を2万円に減らす」「1万5000円に減らす」「1万円に減らす」などと決めておくということです。住宅購入用貯金の5万円は、インフレ率2％では5万1000円になります。4％だと5万2000円になります。

次の表のように払い方もインフレ対策をすることです。どうしても、すでに住宅ローンを組んで返済額を変更したくない人は、物価が上がった数万円分を副業で増やすしかありません。物価が上がると、思ったよりも貯金が減少しますので、即対応が必要です。

## ✧「家計簿アプリ」をうまく活用しよう

こうして、給与口座から「住居用」「子供・教育用」などの目的別の口座に自動的に振り込みができるようになったら、次のステップに進みましょう。

例えば食費は、お米やミネラルウォーターやコーヒーなど嗜好に合わせて、月に一度ずつ定期便が届くように設定すると、支出額が一目瞭然になります。

## インフレ時の目的別口座（毎月の積立の目安を考える）

| 目的別口座 | 住宅購入用 | 子供用 | 旅行用 | （　　　） | （　　　） |
|---|---|---|---|---|---|
| 現時点 | 5万円 | 1万円 | 1万円 | （　　　）円 | （　　　）円 |
| インフレ2％時 | 5万1000円 | 1万200円 | 1万200円 | （　　　）円 | （　　　）円 |
| インフレ4％時 | 5万2000円 | 1万400円 | 1万400円 | （　　　）円 | （　　　）円 |

それには家計簿アプリを使うと便利です。無料のものでも数十種類もあります。夫婦共有で確認できるアプリを次の表にまとめました。

レシートのスキャンで自動的に、

「光熱費」「衣類」「美容」「通信費」「趣味・娯楽」「教育」「健康・医療」「交通費」「交際費」「日用品」

というように分類でき、銀行口座やクレジットカードと連携することもできます。

試しに1か月分のレシートを保管しておいて、合計がいくらか計算することです。そして、二人が住んでいる東京都の食費の平均は9万7776円ほどなので、食費の口座として毎月8万円をプリペイドカードに入れて、それを限度額にします。

また、買い物する曜日を水・金・日などと決めておくことも大事です。そして、1回の買い物金額を決めておきましょう。

例えば、予算が月7万円で月・水・金の3回なら、1回5833円までに抑えるという計算です。

## 主な家計簿アプリ一覧

| | 主な特徴 |
|---|---|
| マネーフォワード | ● **利用率1位**<br>● 一部のレシート撮影機能あり<br>● QRコード決済と連携 |
| ファミリーバンク | ● 夫婦、カップルで共有化できる<br>● **位置情報がわかる** |
| ザイム(Zaim) | ● 家計簿印刷が可能<br>● **10年以上の履歴が見られる** |
| マネーツリー | ● **無料プランでも広告配信ナシ**<br>● レシート撮影機能は有料 |
| おカネレコ | ● 数秒で家計簿の入力可能<br>● **給料日、支払日をアラート** |
| 家計簿レシーピ! | ● レシート読み取りに特化<br>● **購入食材をもとにレシピを提案** |

※2024年8月末日現在

## ✧エンゲル係数を20％までに抑える

家計の支出に占める食費の割合のことを「エンゲル係数」と言います。家庭での食事だけでなく、外食やお酒も含まれます。

食費は家計調査の平均を参考にと前述しましたが、実は、今はどの家庭もエンゲル係数が異常に高いようです。

一般的にこのエンゲル係数が高いほど貧困、つまり、ゆとりがない状態と言われています。理想は15～20％です。支出25万円で食費が5万円なら、エンゲル係数は20％という計算になります。健司と美咲の場合は約26万円の20％、5万2000円が適正です。

最近はインフレの中でも食品の価格高騰が目立ち、エンゲル係数がひどく高くなっています。そこで防衛策を講じましょう。

チラシアプリで近隣スーパーマーケットの特売を比較したり、PB（プライベートブランド）を選んだりするのも有効だと思います。PBはスーパーだけでなく、コンビニにもあります。

薬を買ってもらうために食品類では利益を出そうとしていないドラッグストアで安く

買い物をする方法もあります。

野菜は「ベジ探」というサイトにある「野菜小売価格動向」の「小売価格のDB検索」をクリックし、小売価格を見ると、月間で野菜が高いか安いかがわかります。

また、トップページの「卸売価格動向」の「卸売市場のDB検索」をクリックし、入荷量・単価（日別）を見ると、日々の生産量から直近の価格もわかるので便利です。

暑い日が続くと葉物野菜の価格は安くなりやすいので、天気を見ながら生産量も確認して安めの野菜を選ぶといいでしょう。

Chapter 2

# ポイントは
# 「目標」と「見える化」

あなたの支出が多くない？
スポーツジムとか
英語の習い事とか
サブスク確認中…
ムッ
そんなことないって
むしろ
お前のエステの回数
何とかしろよ
変わんねーだろ
カチーン
は…
？
何その言い方！
ちょっとまったー!!!
シュパーーッ
ギョッ
まずは
その支出が本当に必要か
冷静に見ていきましょう
けんかダメ！
ハ〜イ
ドキ
ドキ
プンプン

## 4

# なぜ、こんなに引き落とし額が増えてしまったのか？

### 「こんなはずでは……」

結婚3年目になった。健司の口座を美咲の給与の振込先に指定し、口座を一括管理したら、固定費などを差し引いて残金が貯金できると思っていた。

でも現実は、「こんなはずじゃなかった……」というところ。

理由は、健司の口座に二人分が入金されるようになったため、今度は健司の気が大きくなってしまったから。その結果、あれこれ自動的に引き落とされる金額が増えてしまって、残金がひどく減ってしまったのだ。

例えば、「映画を観に行くよりも自宅で動画配信サービスを利用したほうが得」と思ってＮｅｔｆｌｉｘに加入し、仕事に必要な英会話のオンラインレッスンや、新聞購読を契約した。トイレットペーパーやお米、食材が毎週届くようにネットスーパーに依

頼し、さらにコーヒーマシンをレンタルしコーヒーが毎月届くようにした。

バラバラに買い物するよりも、少し贅沢でも定期便にしたのは、固定費にすると支出額がわかりやすいと思ったからだ。また、「先に買う」という消費癖になったのは、子供が生まれた時に備えてURの1LDKから2LDKに引っ越したこともある。

家賃は埼玉で10万円と7万円から高くなった。家が広くなった分、光熱費も1・5倍に増え、電気代が月1万円、ガス代が7000円、水道代が5000円もする。

また、健司の会社では今後の業務の国際化に対応するため、TOEICを社員に受験させるようになった。そのため、健司は英会話以外に文法の学習もしなければと、入会金と教材30万円のほか、月2万円ものレッスン料も必要になった。

YouTubeでの練習用に通信費も増えて、健司と美咲の分を合わせて3万円になった。滅多に使わない固定電話とFAXの回線代金と家のWi-Fiで5000円を支払っている。コーヒーマシンのレンタル費と毎月届くコーヒーのサブスクが4000円、ウォーターサーバーのレンタル費と水が3000円。ちょこちょこ買うビールやオレンジジュースも、毎月、定期便で箱で購入している。

二人の手取りをまとめて43万円余りに増えたから、ちょっと気が大きくなったのだ。

せっかくだから残金を残して贅沢口座に入れたかったのだが……。

# 「ざる勘定」をやめ、不要な支出を洗い出しましょう

## ✧流動費をどこまで減らせるかがカギ

こんな形で、ずるずると支出していたら、やがて行き詰まってしまいます。そこで「光熱費」「衣類」「美容」「通信費」「趣味・娯楽」「教育」「健康・医療」「交通費」「交際費」「日用品」などを固定費と流動費に分けて、固定費が増えた分、流動費を減らすことです。

固定費は、毎月、金額が固定して決まっているもので、「家賃」や「通信費」などが該当します。健司の場合は、買い物の内容を習慣化したがために、かえって固定費を増やしすぎたのかもしれません。

例えば、ビールは毎日1杯分必ず飲むと想定してまとめ買い（定期便）に変更しましたが、毎日は飲まなくなっています。

持ち運びが重いお米も同じです。忘年会などのイベントが多い時期は、お米はあまり

減りません。

こんな具合に、状況の変化に応じて3か月に1回は〝習慣〟を見直すことです。重いお米は健司が買い物を手伝えば済むことです。定期便は解約しましょう。

## ✧必要性に応じて支出を3つに分ける

次に、現状の支出の内容を必要レベルに合わせて分類しましょう。生活するのに「どうしても必要なもの」「比較的必要なもの」「あったらいいと思うもの」に分けてみます。

**〈どうしても必要なもの〉**

どうしても必要なものは「家賃」「光熱費」「通信費」の3つですが、今回は、生命保険を入れた4つにしました。一つひとつ、金額が妥当か再度、確認してみましょう。

**・家賃**

今の家賃は10万円です。家賃の目安は月収の3分の1ですが、二人の場合、まだ子供がいない家庭としては高いほうです。

ただ、これからまた引っ越しをすると敷金などの費用もかかってしまうので、しばらくこのままで我慢するしかありません。

**・光熱費**

合計で1万5000円かかっています。電気・ガス・水道代は減らしたいものの、なくすわけにはいきません。

そこで、光熱費は使う部屋を一つに決めて、二人で同じ部屋を使うようにすると、電気代、冷暖房費が年間500円ほど節約できます。暑い日差しが入らないようにカーテンを遮光遮熱のものにしたり、すき間からの冷たい風を防ぐために洗濯ばさみやガムテープでとめたり、断熱シートを窓に貼るなどすると年間1000円ほど下がります。夏、冬の冷暖房費で2000円ほどの差が出ますから、工夫次第です。

**・通信費**

合計1万円かかっています。在宅ワークとして自宅でパソコンで作業することもあるのでＷｉ－Ｆｉは不可欠です。固定電話やＦＡＸはそれほど使っていないけれど、将来、副業する時のために必要と考えて残していますが、数年先ならば、一度撤去してもいいと思います。

## 支出を３つに分ける

| どうしても必要 | 比較的必要 | あったらいい |
|---|---|---|
| | | |
| | | |
| | | |
| | | |
| | | |
| | | |

健司も美咲も「生命保険」を「どうしても必要」に分類しましたが、それは掛け捨てタイプの死亡保険でした。子供もまだいないし、毎月2000円も掛け捨てにするのはもったいないので、解約するのが賢明です。

**〈比較的必要なもの〉**

健司と美咲が、比較的必要だと選んだのは、次の項目です。

**・オンライン英会話**

健司はどうしてもTOEICのスコアを上げたいので二つも加入しましたが、効果のありそうな一つに絞り、残りの1万円分は無料のYouTubeに変更しました。

**・スポーツジム**

健康のために水泳やヨガを習おうと入会し、月7000円を払っています。でも、ほとんど利用していないので、近くの公共の運動施設を利用し、毎回、数百円の使用料で済ませたほうがいいでしょう。

**・コンタクトレンズ用品**

月1000円かかっています。しかし、ドラッグストアに行けば、洗浄液が3本15

00円などと安く購入でき、レンズにも1年間の保証がありますので、検討の余地があります。

**・新聞**

購読料は月4900円です。ほとんど読んでおらず古新聞が溜まる一方なので、解約して、週末にまとめて図書館で読むほうがいいでしょう。

**・エステ**

月7000円は、自宅でできる少し高めのパックにすることもできます。自宅にない美容機器でのサービスだけを選ぶと、2000円節約できます。

**〈あったらいいもの〉**

最後に、あったらいいなというものを整理します。今回は「ウォーターサーバー」「コーヒー」「ビール」などです。

**・コーヒー**

4個入りのフィルターを100円ショップで買った場合、毎日1杯25円になります。コーヒーサーバーのレンタルとコーヒーの定期便は月3000円なので30日で割ると1

日100円。自分で購入し、1日1杯なら月750円で済みます。

**・ウォーターサーバー**

1か月レンタル料1000円+2700円ですが、箱でミネラルウォーター6本入りなら750円で、1日2リットル余り、1箱6本を1週間で飲んでも、全部で750円×4箱の3000円で済みます。箱買いのほうが断然、おすすめです。

**・アルコール**

若い人は発泡酒などのアルコール度数の低い酒を好んで購入しています。ビールの消費量は、20年で半減しています。年齢別に見ると、70歳未満までは歳を取るほど増えますが、70歳以降は減ります。

毎日1、2本買うよりも箱のほうが安いので箱買いはおすすめですが、お中元、お歳暮でよくもらう場合は、2か月に1回だけにするのも手です。賞味期限は最大9か月なので、購入時は賞味期限が最大のものを選ぶこと。

こうした点について相談していくと、それぞれが大事にしている価値観が明確になり、いくつかの進展がありました。

やはり、子供ができた時のために広い家に引っ越したのに、子供がいないのはもった

いないと思うようになり、改めて「子供をつくる時期だ」という話題になりました。

また、どちらかが他界しても、残されたほうは自立できるから死亡保険は不要で、代わりに個人年金を検討しました。しかし国民年金より厚生年金のほうが有利なので、美咲も「なるべく早く派遣社員を卒業して正社員を目指す気持ちになった」と話してくれました。

何より、健司は買い物に付き合うだけで、家計費がずいぶん抑えられることを知り、反省しました。

そして、美咲だけのことではなく、自分もきちんと計画性を持たなければと、改めて肝に命じました。

## 5

# 例えば、不妊治療をするのであれば……

### 結婚6年目、そろそろ子供が欲しい

そして結婚6年目になり、貯金もようやく２００万円ほどに達した。

お金のこと以上に悩んでいるのが、子供のことだ。美咲は30代後半になり、子供ができないことに焦りを感じ始めている。

実は不妊治療を始めていて、すでにボーナスから30万円余りを払った。女性は1回20万円の治療費がかかり、男性も検査などで数十万円が必要になる。

けれど、不妊治療はまだまだ続きそうで、数年間は覚悟が必要になる感じ。それには1年間に１００万円が必要。

2年近くも続くと、おそらく貯金は底をついてしまう。

子供ができるかどうかもわからないのに、このまま不妊治療を続けていいのか……。

せっかく貯めたお金もなくなる。助成金を受けられる地域に引っ越ししても、結局、同

じくらいの引っ越し代がかかる。

でも、美咲は、今、立ち止まるわけにはいかない、と思っている。40代になって再チャレンジしても妊娠の可能性は低くなる。そうなると、もっと費用が高額になるので、できれば、このチャンスを逃がしたくない。

でも途中でやめることもあり得る。そうなると後悔するし、時間との戦いだ。美咲は「頑張り続ける」と言うが……。

とは言え、かけられる費用は最大2年間分しかない。その後、首尾よく子供を授かったとしても、どうやって教育費を払っていけばいいのか……。

健司は、先のことばかりを考えて心配し続ける。美咲は目先のことで必死である。

# 公的医療保険と生命保険を上手に活用しましょう

## ✧「期限」を決めておくことも大切

今は夫婦の3組に1組以上が不妊に悩んでいると言われています。実際に、不妊治療を受けたことがある夫婦は2割以上います。しかし、不妊治療で必ず子供が授かるという保証はありません。

結論から言うと、不妊治療は、例えば、2年間などと期間を決めることが大事です。と言うか、もうそこまでの資金しかないのなら最大で2年ということにして、1年後に一旦立ち止まって話し合おう、という方針でいくべきです。

日本では不妊治療はタイミング法（排卵日を医師が想定し、その日に性交渉を行う体内受精）から始まり、体外受精へと段階的に数年かけて治療をするので、かなり時間も費用もかかります。欧米ではタイミング法からスタートせずに、いきなり体外受精をすすめる医師もいます。ある産婦人科に行くと、精子、卵子ドナーを推奨する本が並んでいました。ドナーという方法や子供のいない人生をあえて選択するということがあることも相談して、最終期限を決めておくといいでしょう。そうすれば相手を批判したり、自己否定に陥ったりすることもなくなります。

## ✧「助成金」をあまりあてにしない

不妊治療費助成事業などの助成金が増えていますが、あてにできません。利用するためにわざわざ引っ越すのは無意味です。利用者が殺到して予算枠がいっぱいになったら、すぐに終了してしまうからです。また、２０２２年度から不妊治療は公的な健康保険が適用されるようになり、それにより、助成金をやめた自治体が多くなっています。

不妊治療にかかる費用は、検査や排卵誘発法、人工授精は数万円ですが、体外受精になると1回40万~50万円と跳ね上がり、顕微授精はそれから10万円ほど高くなります。詳しくは医療機関などにご相談ください。

厚生労働省の「不妊治療の実態に関する調査研究」（２０２０年度）では、人工授精の費用は平均で1回約3万円、体外受精は約50万円でした。検査のみやタイミング法は10万円未満が約7割ですが、体外受精や顕微授精は個人が負担する医療費の総額が１０

0万円以上という場合が半数を超え、200万円以上を費やした人も3割弱いました。年齢が上がるにつれて、この高額な体外受精や顕微授精しか選択肢がなくなります。

## ✧健康保険適用でも高くなることも

前述したように2022年度から不妊治療に健康保険が適用されるようになりました。しかし実は、健康保険適用になったのに、逆に高額になったと感じる夫婦が3割以上もいます。というのは、健康保険適用になったのはタイミング法、人工授精、採卵、採精、体外受精、顕微授精、受精卵・胚培養、胚凍結保存、胚移植と一部の先進医療で、受精卵の染色体を調べる検査などは適用外のものも多いのです。

一部でも適用外の治療を一緒に受けると「混合診療」となってしまい、保険適用できる分も含めて、全額自己負担となるのです。それに助成金も使えないとなると、かえって高くなるケースも多々あります。最初に治療代金をよく確認しておくことが必要です。

備えとしては、民間の生命保険もあります。ケガや病気に備える医療保険に不妊治療に対する保障がプラスされた商品もあり、1回につき数万円が給付されたり、入院したりすると5～10倍の金額が受け取れるものも出てきました。

また、各都道府県の県民共済でも体外受精または顕微授精の過程で受けた採卵、胚移植または精巣からの採精については、公的医療保険制度の適用を受けた手術の場合、通算して1回だけ手術共済金が支払われます。

## ✧生命保険の給付を確認

生命保険会社では、公的保険の適用と連動した範囲で人工授精、採卵術、肺移植術などで保険金が支払われる商品もあります。あるいは先進医療の保険商品に加入している場合は、不妊治療についての先進医療も給付金の対象となる場合があります。

ではその結果、出産となったらどうなるでしょう？

今では帝王切開の割合は約2割になっています。その場合、手術費などが20万円ほど増えます。切迫流産なども「傷病手当金」の形で、全国健康保険組合や全国健康保険協会（協会けんぽ）から支給されます。出産育児一時金も約50万円支給されるので、出産費用はほぼカバーできます。

6

# 幼児期の子育て費用をどう捻出する？

## 派遣社員を辞め、収入減少……

不妊治療のかいもあり、美咲は38歳で無事に出産した。しかし不妊治療がきつくて、派遣社員を辞めてしまった。

でも、赤ちゃんが1歳になって保育園に預けられるようになった時に、パートを始めることにした。

朝8時から社員の皆が出社するまでの2時間、夕方、皆が帰宅する5時から7時までの2時間。この4時間は時給が高く、月16万円になった。

美咲は不妊治療の間に無職になり、しばらく収入ゼロだったから、とても喜んだ。ところが「月に一度程度なら土日も働くこと」と、採用時に勤務条件を提示され、土日に子供を預ける支出が増加して、結局、パートの時給よりも高くなってしまっている。

また、オムツ代にミルク代などが月に3万円、それ以外に初期投資が10万円以上か

かった。ベビーカー5万円に赤ちゃん用の落ちない柵のついているベッド3万円、ベビー用布団1万円、ベビー服2万円ほどである。

これまでの貯金は不妊治療でゼロになり、健司と美咲の給与を合わせた収入に対して、想定以上に支出が増えている。毎月クレジットカードの請求がどんどん来る。

どうすればいいのか……途方に暮れている時、美咲のママ友がアドバイスしてくれた。

「小さい時の子育ては、まず助成金や制度をどう利用できるかよ！」

そこで、役所のホームページを見てみると、児童手当はもちろん、子供の医療費助成も受けられることがわかった。住んでいる地域以外のところで子供が病院に通院した場合、その費用は一旦自費で払うものの、後日、領収書とともに請求すると支払ってくれる役所が多い。

「丹念に探してみれば、支援してくれる制度はいろいろあるんだな……」

保育所が見つからない場合も一時保育事業（キッズルーム）で預かってくれる施設や、病気の時でも預かってくれる保育所も紹介してくれる。ベビーシッターだけでなく、産後のケアのために訪問してくれるサポーターを手配してくれるところもある。

「よし、もっといろいろ調べてみよう」と、健司と美咲は気持ちを新たにした。

# できる範囲で働き、助成金を最大限活用しましょう

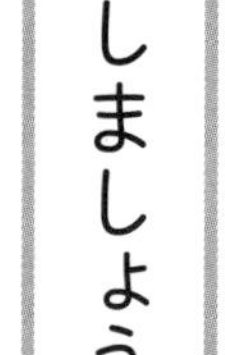

## ✧オムツ代だけでもこれだけかかる

まず、毎月の支出を考えましょう。

毎月いくらが支出されているかと言うと、民間保育所が6万円です。これは行政からの助成金3万円でカバーできても、朝と夜の延長料金があり、3万円を支払っています。

さらにベビーシッター代が2500円×4回＝1万円です。行政のベビーシッターは1時間800円ですが、必要な時に人手不足で対応できる人がいませんでした。そこで1時間1800円の民間のベビーシッターを依頼しています。土日は2500円もするので、4時間依頼すると1万円になってしまいます。ベビーシッターに対しての助成金もなく、近くに両親がいないことを悔やみます。

また、オムツ代が1か月4000円前後もします。これは1日7枚ほどになり、保育所に渡している分も含めます。オムツ代を料金に含んでいる保育所もありますが、健司と美咲が預けている保育園ではわざわざオムツを持参する必要がありました。

粉ミルク代は1か月3缶7800円で、母乳が出る時は半分です。ベビー服、靴、靴下は成長期なので3か月に1回3万円程度買い替えています。

## ✧自治体のサイトで確認しておきたいこと

これまでの経緯からみて、美咲は節約が得意なタイプではないようです。それなら、たとえざる勘定であっても、働いて収入を得るほうがいいかもしれません。それで支出とのバランスがとれれば万々歳です。

そして、助成金を利用します。東京都新宿区には「多世代近居同居助成」という制度があります。これは、子供世帯と親世帯が同居した場合や、近所に住む場合に、最大20万円を助成してくれるのです。なお、千葉県船橋市などにも類似の制度があります。ぜひ調べてみてください。

また、世帯主が失業したら3か月から半年間、家賃を代わりに払ってくれる東京都渋谷区などの例もあります。東京から埼玉県などの対象地域に引っ越し、埼玉県内などに勤務するなどの「移住支援金」として最大200万円を支給するといった助成金もあるので、自分の居住地の自治体のサイトを確認してみましょう。

## ✧節約のために「シェア買い」

節約のためには、不用品の無料譲渡や売買を扱う掲示板サイトの「ジモティー」を活用するのも一つです。

早めに探して交渉すれば、限りなく無料に近い価格で欲しいものを手に入れることもできます。

多くの親は目の前の育児をこなすのに精いっぱいで、赤ちゃんが次第に大きくなることをあまりイメージしないものですが、早め早めに考えて、セールなどで、ゆくゆく子供に必要になりそうな服やグッズ、ベビー用品などを予想して入手できれば、お得になる可能性もあります。私も自分の子供には1歳分サイズが大きく、袖が長い服なども着せていました。

服やおもちゃは「シェア買い」がおすすめです。同じエリアにまとめて配送するシステムなので安くなる仕組みです。仲のいいママ友がいれば、一緒に購入することもできます。

Chapter
3

# 住宅、車、教育資金……どうする?

このマンションって
離婚したら
誰のものになるの？
ハハ…
そりゃ、
名義はぼくだし……
ジューーッ
なんでよ！
私だって頭金
だいぶ払ったじゃない！
ガサッ
エーッ
ちょっとまったー!!!
バーーン!!!
ヒョコッ
ズコーッ
住宅の購入は夫婦共同名義で
ローンを組むこともできますが
向き不向きがあるんですよ
なんで
家の中にいるんだ…
エー
モグ
モグ
うまい!

## 7 収入が増えたけれど、出費も増えていく……

### 二人目が誕生、経済的にも厳しくなった

第一子誕生から2年、美咲は40歳になり、二人目も誕生した。肉体的・精神的にはハードだが、経済面を考えると、もっと働く時間を増やしたい。でも、万が一、子供が急病になった時はお迎えが必要になる。その時は両親か祖父母に頼むのが一番だが、遠くて頼れない。

それが原因でしょっちゅう休むようになると、リストラにあいかねない。しかも最近は、そんな時にお迎えにいってくれるベビーシッターも不足している。

でも、夫４６０万円、妻１２０万円の収入では将来が心配になる。第一子が1歳になった時にパートを始めて月16万円の収入があったが、育児に時間を取られて減ってしまった。今は毎月10万円になっている。

上の子は2歳になるので遅くまで預ってくれる保育園を探して、せめてパート時間を午後に2時間ほどでも増やしたらいいのではないか……。午後2時間分で20日間なら40時間。4万円以上収入が増える。

しかしこの分は、上の子の保育園の費用と、下の子の0歳児保育の費用などで消えてしまう。それでも働く時間を増やすべきだろうか？

上の子は保育園に通っているからまだいいが、下の小さな娘と二人で家に閉じこもったままでは、精神的にもたまらない。これ以上続かない。

少しの時間でも預けられたらストレス解消になるし……さて、どうしたらいいのだろうか？

# 損しないように働く知恵を身につけましょう

## ✧「働く時間を増やすべきか」という悩み

子供が小さい時、誰もが悩むのが「働く時間を増やすべきか」という悩みです。家にずっといるとストレスが溜まりますし、支出が増えているなら、その分だけでも稼いだほうがいいでしょう。

でも問題は、働いても、その分がちゃんと入ってくるのか、税金や助成金などを考えると、かえって損をすることもあります。

場合によっては、損をしないように仕事を休むわけですが、企業としては、例えば師走の忙しい時に、パートに休まれては困ります。そのため厚生労働省は、「年収の壁・支援強化パッケージ」として、１３０万円、１０６万円の年収の壁によりパートの社会保険料を多く払わなければならない企業に対して、一人あたり10万~50万円の助成金を出しています。

育児や介護などで、パート勤務があまりできない時期もあるかもしれませんが、勤務時間を計算することは大事です。区立幼稚園などでは、所得に応じて助成金が出ることが多いので、勤務時間を把握して収入を計算できるようにしておくのです。

美咲の場合も自分の所得を計算して配偶者控除を活用することをおすすめします。中途半端にパートの時間を増やすと、配偶者控除や配偶者特別控除が受けられず、かえって損をします。

## ✧100万円、103万円の壁とは？

損しないように働くために知っておいてほしいのは、まず、配偶者控除、配偶者特別控除は、夫か妻の所得が高いほうの所得が1000万円以下の場合で、パートナーではなく配偶者として籍を入れている必要があるということです。

次に気にしてほしいのは年収100万円です。100万円以下は住民税が非課税です。年収から給与所得控除55万円を差し引いた額が45万円以下であれば住民税が非課税となります。つまり、100万円を超えると住民税が課税されます。美咲の場合も、年収120万円のため、年額約5000~7500円の住民税を払わなければなりません。税額は地域によって異なりますので、お住まいの市区町村にお問い合わせください。「100万円以下だと住民税がかからない」と覚えておくといいと思います。パートの人もこれを計算して年末ギリギリの12月のシフトを減らす人もいます。また、住民税非課税世帯だと、いろいろな助成金で有利になります。

次に3万円増えて、103万円の数字を覚えておいてください。これは「妻の所得が103万円以下ならば、夫が配偶者控除を受けられる」ということです。

つまり、美咲の年収が103万円以下の場合は、夫に配偶者控除48万円が適用になり、この分の夫の税金が安くなります。また、妻自身の分の所得税もかかりません。

なので、税金のことを考えると103万円の年収を超えないように働くのが理想なのです。しかし、たまに年末にシフトが増えていたり、売り上げがいい月に、ボーナスとして特別支給があったり、食事代を手当としてつけたりしてくれる場合もあります。そうなると、せっかく計算して103万円以下にしたのに、無駄になってしまいます。

## ✧「働き方」を上手にコントロールしよう

年収が106万円を超えると、健康保険、厚生年金などの社会保険に加入しなければ

## 100万円、103万円、106万円、130万円の壁

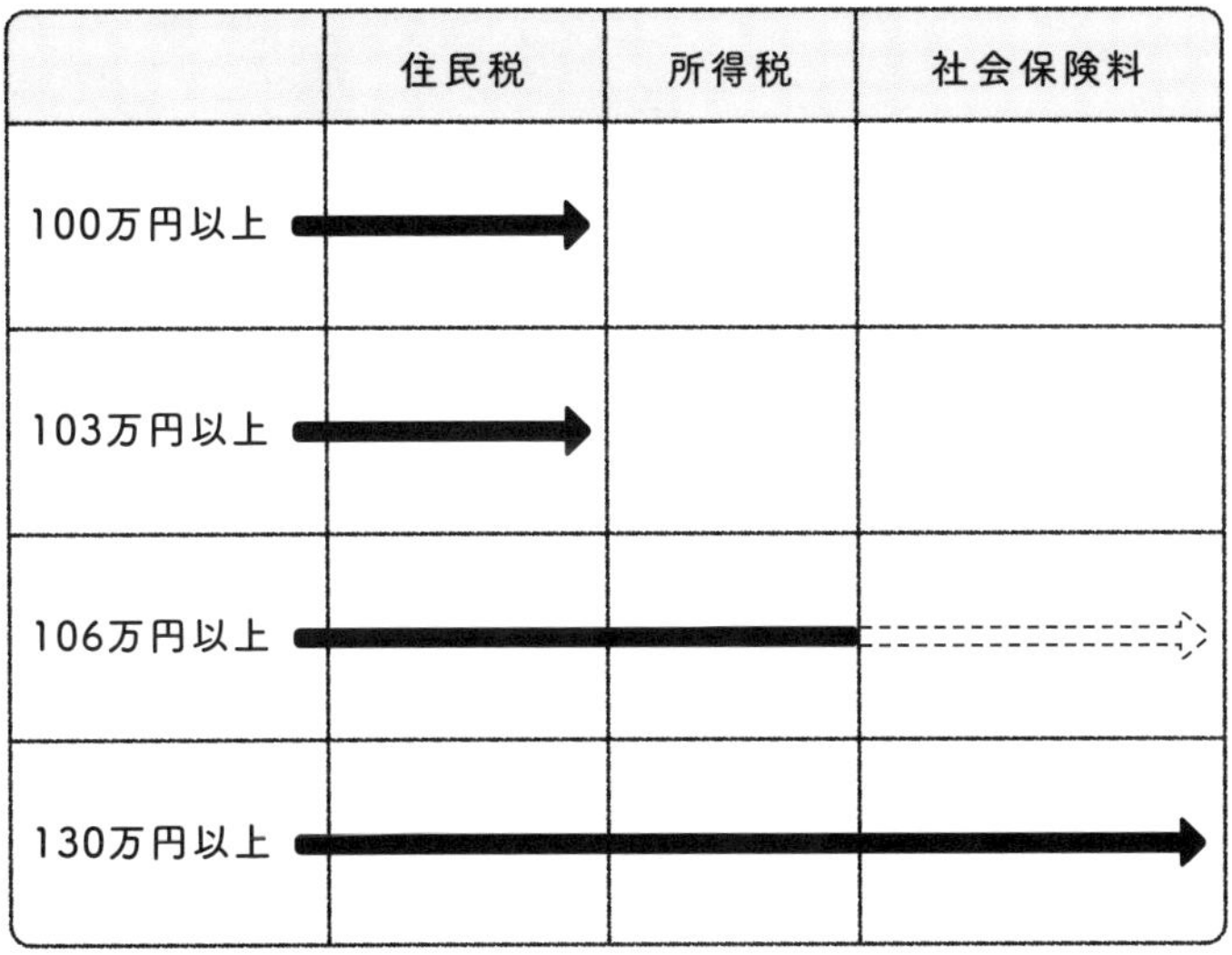


- 年収100万円以上：住民税がかかる
- 年収103万円以上：夫が配偶者控除を受けられない
- 年収106万円以上：働き方によっては社会保険加入義務が生じる（健康保険、厚生年金）
- 年収130万円以上：社会保険加入義務が生じる

※いずれも年収から給与所得控除を引いた額

ならなくなります。１０６万円を超えると、妻は夫の社会保険の扶養から外れ、自分が働いている勤め先の社会保険に入らなければなりません。そうなると保険料が給与から引かれるのです。

働いている会社の従業員数が51人以上で、年収が１０６万円（月額８万８０００円）を超え、１週間20時間以上の勤務体制だと、健康保険に加えて厚生年金に加入しなければならなくなります。

これにより、傷病手当金や出産手当金、将来の年金受給額は増えますが、毎月の手取りは減ります。結局、手取りで計算すると１００万円以下に抑えておいたほうがよかったということもあり得るのです。

例えば、住民税に加えて、１０６万円から社会保険料（健康保険・厚生年金）が引かれて手取りは90万円余りになるケースもあります。社会保険料は給与の14％ほどと高額です。しかも、健康保険に関しては夫の健康保険の扶養になって、自分の負担をなくすほうが得になることも多いのです。

自分で厚生年金に加入すれば、将来の年金受給額が増えます。政府は現在、段階的に国民年金だったパートの人にも、厚生年金に加入するように促しています。

また、１３０万円を超えると、どんな企業に勤めていても自分自身で社会保険料を払わなければならなくなります。

ここまで100万円、103万円、106万円と3万円ずつ増加することで、それぞれ住民税や社会保険料などが引かれていく説明をしましたが、今度は年収201・6万円の壁に気をつけましょう。これは配偶者特別控除が受けられる年収の壁です。年収が増えることで段階的に控除される額は減少し、妻の年収が201万6000円を超えると、配偶者控除そのものが受けられなくなります。

ということは、この分だけ夫の課税所得が増える、つまり税金が高くなります。もしパートで働くなら、この金額を年収の最大値として意識するといいでしょう。

さて、美咲の場合、もし、月4万円、つまり年間で48万円増えると、年収が120万円から168万円になります。これを配偶者特別控除が受けられる160万円以下、または201万6000円までに抑えるようにすることです。

また、働く会社が従業員数51人以上の会社であるかどうかでも異なります。健康保険、厚生年金の加入の必要性があるかどうかも、よく確認して年収を決め、働く時間や働き方も考えるといいでしょう。

# 8 ますます重くのしかかる教育費をどうする？

## 二人目が小学校に入学、学費が心配

一人目に続き、二人目の子供も近所の公立小学校に入学した。それをきっかけに、美咲は「任期付き社員」としてフルタイムで働き始めた。夫４６０万円、妻３５０万円の年収になった。

しかも子供は学童で夕方まで預けられるし、学費は給食費、学童などを含めても一人２万５０００円、合計5万円で済む。

だが、子供二人には、土日の午前も午後も、水泳、そろばん、ダンス、英会話などに通わせ、二人で合計4万円ほどの習い事の費用がかかっている。

今は、健司も美咲と同じように節約して、子供を大学まで行かせなければと思っている。勉強もできないと大学にも行けないから、習い事も大事だろう。しかも高学年にな

ると月３〜４万円もする塾に通塾する子供が増える。公立中学は先生が怖くて評判も悪いようで、もしものために私立の受験費用も貯めておく必要がある。

２〜３校は受験するだろうから、受験費用はそれぞれ２〜３万円かかり、それだけでも10万円近くにもなってしまう。

今は高校の授業料無償化などもあるし、大学生も奨学金はあるようだけど、それでも二人分となると、お金は相当かかるだろう。もし二人とも、私立の中学、高校ということになったら、１年間で二人で３００万円は必要になる。

しかし、今は二人ともなんとか稼いでいるが、収支はトントンというのが現実だ。どうやったら貯金を増やしていけるのだろうか？

今後、二人の年収が大きく上がるとは予想できない。健司は年齢的にもエンジニアとしての先が見えてきているし、管理職に昇進したとしても、年間で50万円ほど上がるのがせいぜいだと思う。

世間相場から見ればそれも妥当なのかもしれないが、実際は子供の成長に追いつかない。どうやったら子供の学費が貯められるのだろうか。

# 返戻率の高い学資保険に着目しましょう

## ✧この低金利時代の強い味方

利率が高い商品としては、学資保険があります。返戻率が１０８〜１１０％なので大きな後押しになります。

しかし、多くの保険会社の商品は子供が０〜７歳くらいまでしか加入することができません。

しかも、生まれてすぐに払い込み始めたほうが、月々に払い込む保険料が少なくて済みます。18歳まで払い込むため、早いほうが払い込む回数が増えて毎月の払い込み保険料が安くなるのです。健司と美咲の場合、下の子がもう小学生なので、早く加入したほうがいいでしょう。

また、満期保険金を受け取る年齢を中学卒業時の15歳、高校卒業時の18歳、大学卒業時の22歳から選べるのです。余裕があれば22歳まで預けておいたほうが、利息が高くなるので得をします。

万が一、契約者である親が死亡した場合は、それ以降の払い込みは免除され、予定通りの満期保険金などが受け取れます。

死亡保険金の高い定期保険でも、他界した後、残された遺族に保険金が出ますが、その死亡保険金を数百万円と設定して定期保険に加入するよりも、きちんと学費用としての学資保険に加入するほうが返戻率が高いし、おすすめです。

何より、この低金利の今の時代に、108〜110％の返戻金があるのです。今は貯金を100万円しても、利息は数千円もつきません。

でも学資保険は100万円払い込むと、8万〜10万円が利息としてつくので、とってもお得です。

こんな時代に、8％もの利率は、学資保険くらいしかありません。0歳から毎月1万円余り積み立て、22歳までに100万円ほど受け取れるように設定をすれば、大学入学時に助かります。

しかも元本保証ですし、保険料控除の対象にもなります。ただし、他の保険と同じで、途中で解約すると7割程度しか戻ってきません。

そもそも学資保険がなぜ必要なのかと言うと、子供の学校に膨大な費用がかかるからです。

地域によっては半数以上が私立中学を受験していますが、中学までは義務教育であるため、行政の助成金も充実していません。東京都では所得制限なしで、私立中学校等授業料軽減助成がありますが、たった10万円です。授業料、入学金など含めて年100万円は必要です。

高校の場合、「高等学校等就学支援金制度」という高校無償化制度がありますが、支給は39万6000円が上限です。授業料だけでも50万円ほどはします。制服だけで数十万円、部活に数十万円、通学費なども含めて100万円、塾なども含めると150万円は必要です。

収入の40％も教育費・学費が占めている家計もあるようですが、15％程度に抑えることが理想です。

中高の6年間の学費として600万円を学資保険やボーナスなどから早めに貯めておくことです。

## 主な学資保険

| 保険会社 | 学資保険の名称 | 特徴 |
|---|---|---|
| **明治安田生命** | つみたて学資 | 返戻率は**最大118.2%、合計4回に分けて受け取れる**。加入時の年齢は6歳まで |
| **ソニー生命** | 学資保険 | 返戻率は108.7%、加入時の年齢は5歳まで |
| **フコク生命** | みらいのつばさ | 返戻率109.5%、加入時の年齢は7歳まで |
| **アフラック** | 夢みるこどもの学資保険 | 受取年齢は**17歳、18歳から選べる**。受け取り金額は**120万～1500万円**の間で選べる。加入年齢は7歳まで |
| **かんぽ生命** | はじめのかんぽ | 加入時の年齢は**12歳まで**。返戻率は101.2% |

※2024年7月現在。返戻率は変わる可能性があります。

ちなみに、学資保険は両親だけでなく、祖父母などが契約者になることもできるので
いくつかの保険会社に加入することができます。
また「学資保険」を扱う信用金庫などでは、キャンペーンで1万円、10万円などの現金やプレゼントが抽選で当たる特典もあります。

## ✧子供の医療保険は不要

また、万が一を考えて子供の医療保険をという声もありますが、子供には学資保険で十分だと思います。

私も子供には学資保険しか加入していません。生まれたばかりの時は、かわいくて医療保険などにも加入しましたが、すぐに解約しました。

子供用の民間の医療保険は不要だと思います。今は、中学生まで医療費が無料の市区町村が増えています。

それから、学校でケガや事故に対応する損害保険に加入する場合もあります。年間数千円程度の掛け捨てですが、学校単位で加入が義務づけられていることもありますので、

自分で加入しなくても十分でしょう。

また、今は大学生の約半数が奨学金を受給しています。民間の奨学金は、学校の奨学金や民間奨学金の団体などで検索すると情報が出てきます。毎年変わりますが、気づいた時にはすでに締切がすぎていることもあります。早めに調べて参考にしてください。

## ９ 今、マンションを買っても大丈夫？

### 家賃が高い、そろそろ家が欲しい……

高いのは学費だけではない。「貯金が貯まらないのは家賃が高いからではないか」と思うようになった。

美咲は学生時代の同級生から、「毎月、住宅ローンは払っているけど、家賃の３分の２だから、楽になったよ。それにマンション価格がすごく上がったから資産価値が上がった。なんで美咲は買わないの？」と言われたそうだ。

彼女の場合は、買った時よりも、すでに１０００万円も上がったという。

そこで二人で、これまで払った家賃を計算してみた。仮に家賃10万円で計算すると、結婚後10年経つから１２００万円を捨てたことになる。

確かに、近所の大型マンションの10年前の価格を見ると、２０００万円上がっている。

マンション価格が上がる前に買うべきだった。でも、自分たちには余裕がなかった。

東京23区の新築マンションの平均価格は、過去10年で3000万円上昇したとニュースでやっていた。全国の平均価格でも、1300万円も高くなっているそうだ。新築マンションの価格は過去最高を6年連続更新。もう上がりすぎという気もする。

それでも買ったほうがいいと美咲は言い張る。資産として購入していたほうがマシだという。借りていると家賃がどんどん出ていくばかりで、賃料だって、これから上がる可能性もあると主張する。

二人の年収を考えると35年ローンになりそうだが、「返済期間を考えると、これ以上はムリ！　今がギリギリのタイミング」と美咲は主張する。

美咲が言うように、住宅ローンの返済が終わった頃は年金生活に突入している。そこで家賃が発生しないということは大きなメリットになるはずだ。もちろん、賃料を払い続けるより住宅ローンを払うほうが無駄づかいにならないだろう。

健司は課長になって手当が増え、夫の年収460万円＋課長手当40万円、美咲は正社員としてフルタイムで働き出し、年収200万円になった。

「頭金200万円で買えないかな？」

リスクを取るべきか、それともこのまま賃貸を続けるか。

# 住宅ローンの金利に敏感になりましょう

## ✧住宅ローンの金利は0・7%が境目

転勤や転校など引っ越しが多い人は賃貸がいいかもしれませんが、そうでなければ、住宅を購入するのは資産形成の一つになります。定年後の収入が年金だけになる場合、家賃の支払いがないのは、とても助かります。

健司と美咲のように、お金が貯まらない夫婦のためにも、自動的に住宅ローンを払い、それが資産になるというのは、大きなメリットでしょう。

住宅ローンには控除もあります。２０２５年末までに入居し、省エネ基準に適合した新築の場合、最大13年間、中古の場合、10年間で残金の０・７%が所得税から控除されます。例えば３０００万円借りた場合、13年間で２７３万円ほどが減税されます。

つまり、まだ住宅ローンの金利が０・７%以下の場合ならば、しばらくは、そこまで悲観しなくてもいいということです。金利が上がる分は、こちらで相殺できるでしょう。

ただ、デメリットはあります。

今は金利が上がる局面にあるため、今後、さらに金利が上がると、住宅ローンを抱えている人は、利息が増えるので返済額が膨らみます。

例えば、金利が1%で3000万円のマンションを35年ローンで購入した場合、利息分は556万円余りですが、2%になると、その約2倍の1200万円近くになってしまいます。毎月の返済額で計算すると、8万円余り~10万円近くになります。毎月1万~2万円増えるので、その分を節約して、住宅ローンの支払いに回せるのかどうかを、夫婦で相談する必要があります。

## ✧マンション価格はこれから下がる?

さらなる懸念材料としては、マンション価格が下落する恐れがあることです。

海外と比較すると日本のマンション価格はまだ安いと考える人もいますが、ここまで上がっているので、これからは下がるだけだと考える人もたくさんいます。

2013年以降、10年以上も価格は上がり続けています。しかし、1990年のバブル崩壊と2008年のリーマンショックでは、いずれもその直前の2割近く価格が下落していています。そして、今はバブル期を超えた水準にまで価格が高騰しています。5000万円が2500万円と半分に下がることもないわけではありません。

また、もしも転勤や転職などで急な引っ越しを余儀なくされ、マンションを売る必要が出た場合、買った価格で売れないこともあり得ます。そうなると、相当、値を下げて売却する必要があります。

価格が下がるだけではありません。住宅ローンの支払額には、当然、利息分も含まれているので、今後、金利が上がると、その負担が増えてくるのです。

この金額をどう考えるかです。買うなら、物件を慎重に賢く選ばないといけません。

## ✧中古を買うならこんなマンション

では、買うならどんなマンションを探せばいいのでしょうか?

もう新築は高くて手が届きませんから中古マンションを探すことになりますが、古すぎると修繕費でかえって高くなります。

美咲がこれから老人ホームに入所するとしても、まだ20～30年あります。とすると、その期間住み続けることを考えて、築20年くらいまでの古すぎないマンションを買うことです。

築40年以上のマンションは、今は全体の2割ほどを占めていますが、20年後には4倍近くになります。そのため、今後は老朽化したマンションの建て替えを促進できるよう、法律が改正される予定です。正式名称を「建物の区分所有等に関する法律」と言います。築40年以上のマンションの建て替えに関しての決議は、これまではマンションの所有者および議決権の「5分の4以上」の賛成が必要でした。しかし、これが4分の3で可能になります。つまり、マンションの建て替えが進む可能性が高くなるのです。

しかし、もし建て替える場合、多くのマンションで修繕費が足りていないのが現状です。そうなると、一戸あたり1000万～2000万円を支払わなければならない場合が出てきます。しかも建て替え終了までの半年ほどの工事期間はホテルなどに滞在したり、別の住居を探したりしなければなりません。その費用も発生します。

そして、12年に一度実施するのが大規模修繕ですが、一般的に1部屋あたり100万円前後かかります。

これも管理組合などが毎月きちんと積み立てていれば問題ありませんが、最近は修繕費が足りないことが問題視されています。いずれにしても、目安としては中規模マンションで、修繕積立金が７０００万円以上貯まっているマンションを選ぶことです。

ＤＩＮＫｓ（子供を持たない共働き夫婦）やファミリータイプのマンションの需要があるのは、お受験合格で有名な公立小中高の学区内や転勤族が勤務する大企業が近くにある場所です。健司や美咲も、こうした立地にある物件がいいでしょう。

また、近隣にファミリータイプのマンションが少ないと需要が高くなり、価格が高めになります。反対に、同じようなマンションがたくさんありすぎると、よほど駅や小学校に近いなど利便性が高くないと需要がなく、低価格の物件もありそうです。

あるいは、再開発やショッピングセンターなどの建設が予定されている地域も需要が多いので、大きく価格は下がることはないはずです。

いずれにせよ、マンション選びは、ライフスタイルと資金計画を踏まえて、慎重に考えることが大事です。

## ✧変動金利がいいのか、固定金利がいいのか

言うまでもなく、住宅ローンには利息が含まれています。そこで固定金利か変動金利を選ぶことになります。現状では、今、変動金利を選んでいる人が7割近くいます。残りの3割が固定金利ですが、その場合も、35年間全期間を固定にしている人はたった1割余りです。

一般的に、変動金利より固定金利のほうが高い利率が設定されています。特に、35年全期間固定など、より固定期間が長いほうが高くなっています。

全期間固定の場合は、金利が変わらないので、返済額も変わりません。したがって、将来の予算を立てやすいというメリットがあります。途中で市場の金利が大幅に上がっても、金利は固定されているのですから、返済額が増える心配はありません。しかし、金利が上がらなかった場合は、変動金利よりもやや多めに利息を払うことになります。

金利が低い今は、選ぶ人が少ないですが、これからどんどん金利が上がる可能性を考えると、長期間固定金利を選ぶ人も増えるでしょう。

また、例えば5年間などの短期間の固定金利を選ぶという方法もあります。この場合、

5年間だけは金利が変わらず、その後は変動金利になります。5年間でいったん契約期間が終わるので、その時に、また別の固定金利や変動金利を選ぶこともできます。

例えば、5年後に車を買いたい、5年後に転職したい、5年後に子供が大学生になるなど、5年後に一つの区切りがあると予想されるなら、この方法を選ぶといいでしょう。

健司と美咲の場合、特に5年後に大きな生活の変化があるとは考えにくいですが、固定金利が一旦終了する5年後を目安に、美咲がキャリアアップのために転職する、健司は5年後、今ウマが合わない上司から離れて、マネジメント部に異動することもあり得ます。そんな形で、5年後を見据えて、あえて目標を立てることもできます。

それに対して、変動金利は市場金利の動向によって金利が変動するので、急に金利が上がった場合、それに追随して返済額が膨らみます。この場合、返済額は一般的には半年に一度見直されます。

変動金利は固定金利よりも金利が低いことは前述しましたが、これまでは、特に変動金利は1%以下という破格の低さでした。バブル時に比べればかなり低くなっていますが、今後の金利の動きには注意が必要です。

このため、変動金利は向いている人のみ選ぶべきです。ぜひ、次の表の質問を参考にしてください。

## 変動金利が向いている人

次の質問に○か×で答えてみてください。
一つでも○があったら、変動金利を検討してみましょう。

| | |
|---|---|
| 借入期間が短い | ○　× |
| 金利動向をこまめにチェックできる | ○　× |
| 金利の上昇および毎月の返済額が増額しても対応できる | ○　× |
| 将来的に教育費や海外移住、介護などをあまり考えなくてもいい | ○　× |

## ✧「5年ルール」「125%ルール」を活用

これからは金利がかなり上がる可能性が高まっています。どこまで支払額が膨れるか、不安に思う方もいるでしょう。

仮に、欧米のように7%くらいまで上がったら、住宅ローン返済は相当な重荷になってくるはずです。

今月まで返済額が7万円だったのに、来月から14万円になったりすると、払えなくなってしまうこともあります。

脅すわけではありませんが、人生にはアクシデントがつきものです。もしも病気になったり、リストラにあったりして収入がなくなり払えなくなった場合は、督促状が届きます。

そして半年くらい経つと、保証会社がローン残債を一括返済し、それを返すために自宅は競売物件として売却され、退去しなければならなくなります。

こんな「もしも」の場合は、すぐに住宅ローンの毎月の支払額を減額するなどの対策をとることです。

## 「5年ルール」と「125％ルール」

5年ルール………金利が上がっても、返済額は5年間は変わらない。

125％ルール……一定の期間は125％までしか上がらない。

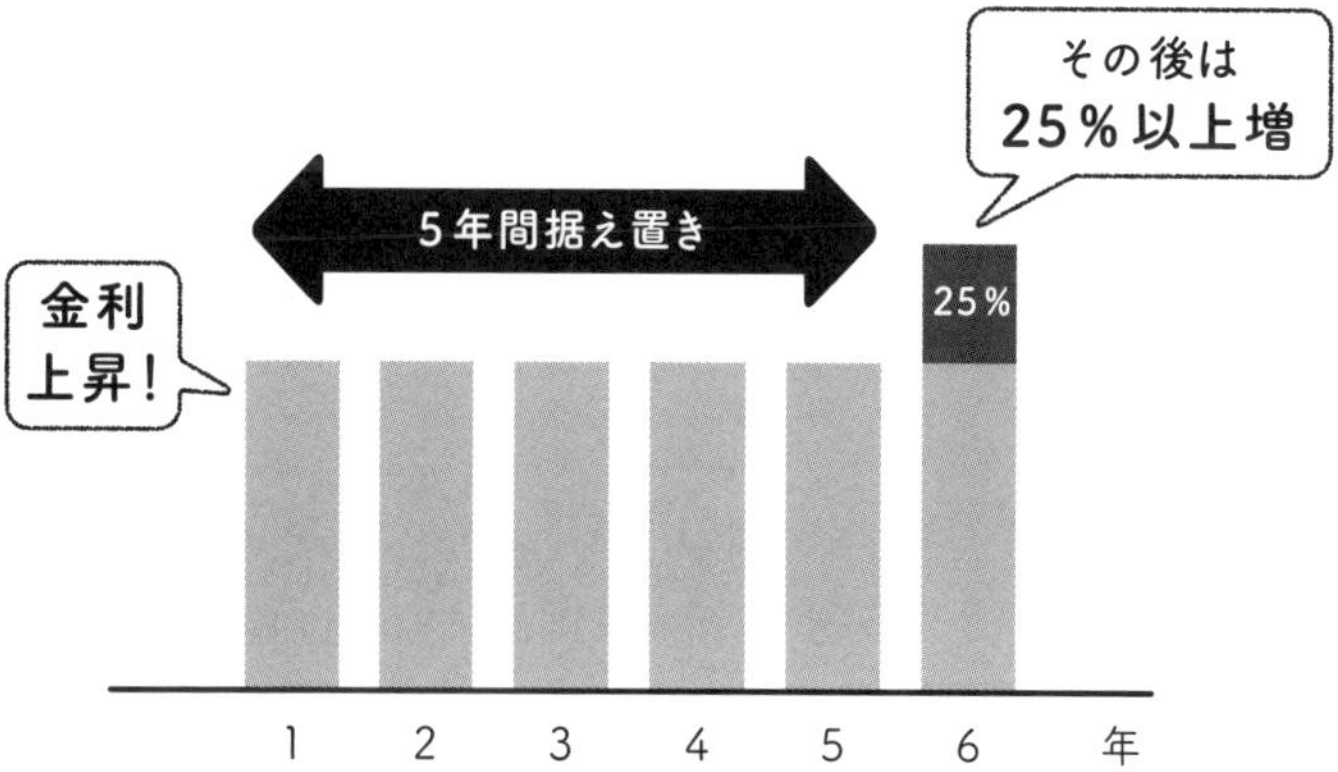

実は、こんなケースに備えて、変動金利の場合の対策があります。それは「5年ルール」。銀行で今の返済額が滞った時に「5年ルールを設置しますか?」と聞かれることもあるかと思います。

変動金利にこの5年ルールが設けられている銀行では、金利が上がっても、すぐには返済金額は変更されず、5年間は据え置いてくれるものです。家計への負担が増えないように設置されたルールです。

また、「125%ルール」というのもあります。これは見直し後の月々の返済額が、125%までしか増えないというものです。

例えば、毎月の返済額が10万円であった場合、金利が上がって15万円になると大変です。そこで見直し後の返済額の上限を12万5000円としてくれるものです。

確かに5年ルールや125%ルールは、住宅ローンの返済額が急に増えて負担に苦しむリスクを避ける機能があります。

しかし、それでも手放しで喜ぶわけにはいきません。その利息は、永遠に払わなくてもいいというものではないからです。

5年ルールの場合は5年後には月々の返済額は増えますし、また、125%に抑えた分は、利息の支払いを後回しにして、先送りする設定になるからです。つまりローンの返済期間が長くなるということです。

中には、この5年ルールや125%ルールを設定していない銀行もあります。また、この5年ルールや125%ルールを適用できたとしても、一時的には困難を免れますが、支払い金額の増額は変わらないということを承知しておいてください。単純に返済を遅らせるというだけです。

多少でも余裕があるようならこれらを活用せず、できるだけ早めにローンを払ってしまうこと。そうすれば後々が楽になります。

## ✧銀行に融資の可能額を早めに聞いておく

健司と美咲は、銀行に赴き、どれくらいの金額までローンが借りられるのかを確認に行きました。マンションを探すにしても、いくらまでなら借りられるのかを決めなければば、実行に移せないからです。

今の家賃が10万円ほどなので、住宅ローンも元利均等返済で、今と同じ毎月10万円の返済と設定しました。そして、二人の年収から確認すると、3500万円まで借りても問題がないのではないかと銀行から返事が来ました。

このように、先に銀行に借り入れ可能な金額を確認してからマンションを選ぶと、万が一、融資の審査に落ちてもショックを受けることはなくなり、時間的にも効率がいいでしょう。目安は年収の5~6倍です。

ただし、銀行は多く借りさせることもありますので、借りすぎないように注意することです。

例えば、定年時には返済を終えるのが理想です。一般的には60~65歳までは年金もありませんので、この5年間は返済がないほうがいいです。もしこの5年間に返済しなければならない場合は、この期間だけ返済額を減らすことも必要になるかもしれません。

## ✧銀行がすすめる「元利均等返済」はワナ

さて、あれこれ悩みましたが、健司は美咲の望むように、マンションを購入すること

## 元利均等返済と元金均等返済

| | 元金均等返済 | 元利均等返済 |
|---|---|---|
| **支払総額** | 少ない | 多い |
| **毎月の返済額** | だんだん少なくなる | 一定 |
| **借入可能額** | 少ない | 多い |
| **5年、125%ルール** | 適用されない | 適用される |
| **取扱い金融機関** | 一部ではない | あり |

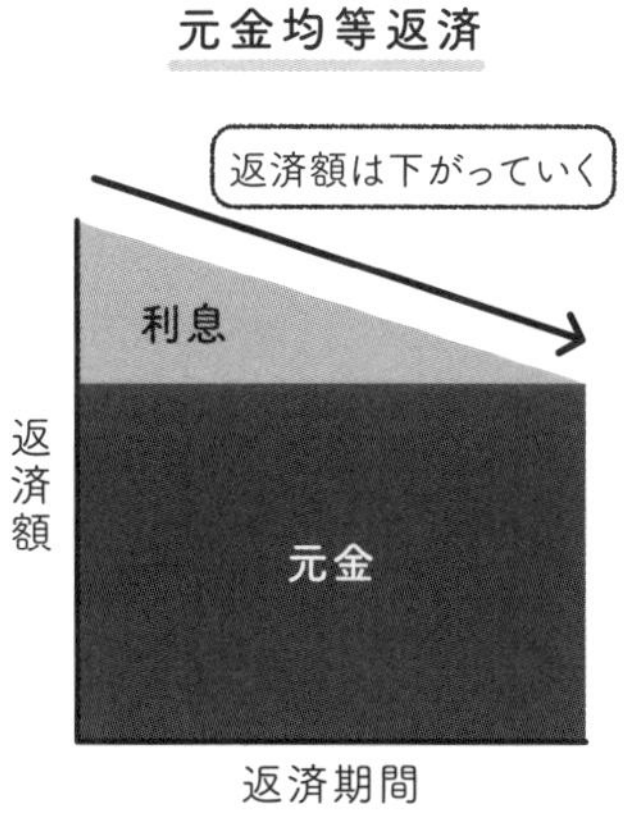


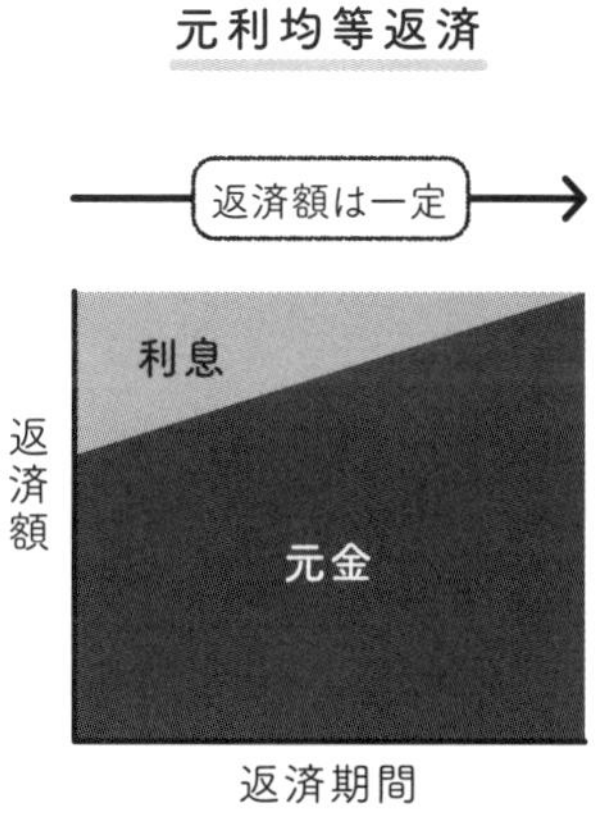

にしました。銀行では、住宅ローンの契約をする時に返済額が毎月一定の「元利均等返済」をすすめられたので、深く考えずに言われるがまま契約を終えました。

でも実は、毎月の返済額が一定になる「元利均等返済」を選ぶのは損なのです。多くの住宅ローン利用者が、この健司と美咲のように、知らないがゆえに損を招いていると言ってよいでしょう。

「元利均等返済」は、一見、毎月、同じ返済額なので計算が面倒でないし、一定額なので支払いも楽だと思うはずです。でもその内訳をみると、その返済額の中にある「元金」と「利息」の割合が変化していくのです。

例えば毎月の返済額が10万円だとしたら、そのうち、ある月までは5万円が利息で5万円が元本だったものが、しばらくすると7万円が利息で3万円が元本というふうになります。結果的に、総返済額は、毎月、返済額が変わる「元金均等返済」よりも多くなる仕組みになっているのです。

この「元金均等返済」というのは、健司と美咲が選んだ「元利均等返済」とは違い、毎月の返済額が変わるものです。

というのは、元金均等返済は元金を返済期間で均等に割り、残高に対して利息を計算

する仕組みなので、毎月の返済額はどんどん減少していくのです。
　元利均等返済より、当初の支払額が多くなるというデメリットもありますが、徐々に利息分が少なくなっていくので、支払い総額は少なくて済みます。最初のうちは大変ですが、頑張って当初の負担額さえ乗り越えれば、断然、こちらを選んだほうがお得なのです。

# 10 共働き夫婦が家を買う時の方法は？

## 離婚したらマンションは誰のものか

夢のマンションを購入したけれど、最近、夫婦仲が冷え気味になった……。

ある時、美咲に「もし離婚したら、このマンションは誰のものになるの？」と質問され、健司はたじろいだ。名義は健司になっていたからだ。

「二人の給与口座から住宅ローンを払っているのに、万が一、離婚ということになったら、自分は損をするのではないか？」と美咲は不安になった。

契約する時、ちょうど美咲は子供と留守番をしていた。健司が一人で契約のために銀行に行き、深く考えないまま、自分の名義のマンションにした。もし離婚したらマンションは健司のものになるが、頭金は美咲もそれなりに払っている……。

美咲には、「育児に追われていたし、相談もなかった」とブツブツ言われる。

そんなこんなで、美咲は「ペアローンがあるから、ペアローンに変更しよう」と言い出した。「今からでもいいから、私の名義も入れたい」と言うのである。

契約時には誰もペアローンがあることを教えてくれなかったし、わざとそうしたわけではないのにと、健司は釈然としない。

それに、もしまた美咲が会社を辞めたら、どうなるのか？　毎月ちゃんとローンを払っていけるのか？

最近は、子供の学費やマンションなど、先のことを優先するようになって、昔のように毎月7万円もする化粧品や衣類、グッズなどを買ったりすることはないようだけれど、でもまた、派手な服を買うようにもなったし……。

まさか、離婚を考えているとは思えないけれど、いざペアローンを組むとなると、簡単に離婚の引き金になりそうだ。

はたして、名義を変えていいのだろうか？

# 「ペアローン」という選択肢も検討しましょう

## ✧ペアローンのメリット・デメリット

共働き夫婦がマンションを購入する際、住宅ローンはどちらかがパートや非正規で雇用されていて収入が不安定な場合は、無理して二人で契約するよりも一人で組むのが無難です。

一方、二人とも正社員の場合、ペアローンを組む人が今や7割を占めています。これは、夫婦がそれぞれ別々の住宅ローンを組み、それぞれが毎月の返済をする義務が生じます。

一人が固定金利で、もう一人が変動金利などと異なる返済条件で契約することもできますが、同じ金融機関で借りることが前提とされています。事務手数料や登記手数料などは二人分かかりますが、住宅ローン控除は二人それぞれが受けることができます。控除するということは、戻ってくる税金も増えることになります。

ペアローンの審査は夫婦それぞれの年収などが審査されることになりますので、妻がパートやアルバイトよりも正社員で安定した給与のほうが審査に合格しやすくなります。一人で住宅ローンを借りるよりも、ペアローンにしたほうが、借入可能な金額を増やすことができるので、一人では3000万円のローンしか借りられなかったのが、ペアローンにすると5000万円のローンが借りられることもあります。

これによって一人では手が届かなかった高級マンションを買うことができるようになるわけですが、これから金利が上がるとすれば、おすすめはしません。多くの借金をするのは利息が膨らみます。背伸びしないで一人分で借りられる範囲で借りるほうがいいでしょう。

## ✧必ず団信を確認すること

さて、住宅の名義は二人の共有になりますが、それで安心ではありません。もし月々の支払金額が違う場合、夫婦それぞれが出資した割合に応じてその名義の比率を分ける必要があります。

また、ペアローンの場合、返済中に夫婦のどちらかが死亡したり高度障害状態になったりしたら、その一人分を肩代わりしてくれる団体信用生命保険（団信）保険に加入します。ところが、二人分ではありません。もう一人が借りているローンの返済額の分はそのまま続きます。

他にも、ペアローンと違い二人で一つの住宅ローンを組む方法で「収入合算」というのがあります。これも二人分の審査をするので、借入可能額を増やすことも可能です。「収入合算」はさらに「連帯保証」と「連帯債務」に分けられます。よく聞くのが連帯保証人だと思いますが、例えば妻が連帯保証人になると、夫が返済できなくなった場合のみ、妻がその返済を肩代わりしなければなりません。

他方、「連帯債務」は、二人とも債務者として、毎月住宅ローンの返済義務が生じますが、二人とも住宅ローン控除を受けることができます。

団信は「連帯債務」の場合は、夫である主たる債務者のみが加入するのが原則です。つまり、夫が死亡した場合に限り、団信が肩代わりしてくれます。妻が死亡した場合は、夫は二人分のローンを支払わなければならなくなるリスクがあります。

2024年から「連生型」と呼ばれる団信が登場し、ペアローンと連帯債務の場合が対象ですが、どちらか一人が死亡したりすると、なんと二人分のローンの全額が完済されるもので、加入者が増えています。

住宅金融支援機構の住宅ローン「フラット35」でも加入できますが、0・2%以上の金利が上乗せされます。このように最近は、団信の種類も増えていますので、借り入れる金融機関にご確認ください。

## ✧離婚した場合はここが面倒

次に健司と美咲が不安がっていたように、離婚した場合について考えてみましょう。

ペアローンの場合、所有権は二人にあるので、売却するにも二人の合意が必要になります。一人が離婚したくて出ていった場合でも、一人が居座ることもあります。したがってペアローンは離婚など想定外の、仲良くすごせる夫婦向きです。

また、美咲が会社を辞めた場合を考えて、美咲のペアローンは低く設定することです。美咲が4万円、健司が6万円の3対2の比率にすることもできます。

では、ペアローンでなく、もしこのまま健司、つまり夫一人だけの名義の場合は、離婚するとどうなるでしょう。

その場合、弁護士などに相談することになりますが、生活費、食費などを妻が払っていたことなどを示せると、その分を請求することができます。

支払った領収書などを保管していて認められると、これらを住宅ローン返済分の代わりとして元夫に財産分与という形で請求できる場合もあります。

つまり夫一人の名義の場合、名義変更の手間はないものの、お金の面では面倒であることも確かです。そこで、マンションを買う時に二人の間で契約書などを交わすといいでしょう。

二人に貯金があり、妻の収入がゼロにならないなら、今のうちに何割かを自分の所有になるように変更してもらうといいと思いますが、支払いの負担を美咲も担当するほど収入が安定しているなら、ペアローンもいいでしょう。

ただし、名義変更などには手数料などもかかるので、その負担も計算することが大事です。

それ以上に、健司と美咲の場合は、とにかく早めに住宅ローンを返済するのがベストです。そのためにも、将来のライフスタイルを話し合うことが先決かもしれません。

繰り返しますが、現在は金利が上がる局面にありそうなので、可能な限り繰り上げ返済をして、少しでも早くローンを減らすのが得策です。

# 11 家のローンもあるのに、車を買って大丈夫？

## ローンで車を買うべきか

最近、健司の両親がよく遊びに来る。そのたびにタクシーで駅まで送迎するので、タクシー代が毎月２万円ほど出ていく。

足腰が悪いので無理はさせられず、バスで送迎というわけにはいかない。バスの中ではフラフラして二人ともすぐに転びそうになる。

毎月２万円も払うなら、思い切って自家用車を購入したほうがいいと思うようになった。

健司は、「これまでは家のローンで精いっぱいで車のことなど考えてなかった。もう少し娘が成長したら免許をとってもらい一緒に運転できるから車も必要かな」と漠然と考えていたが、親の介護問題で、決断の時期が早まってしまったのだ。

美咲は、どうせ買うなら新車がいいと言うが、中古車でもいいから欲しい。それなら

家族旅行にも車で行ける。家族が仲良くなれる気もする。

でも貯金も少ないので、これもローンに頼るしかない。

住宅ローンもあるのに、その上、さらにローンを組むことになると、また返済額と金利を払わなければならない。

今、金利が上昇している時に、借金するのは賢くないだろう。住宅ローンと違って車のローンは金利が1～4％で、条件が悪いと高くなる。

環境に配慮した電気自動車（ＥＶ）や燃料電池自動車（ＦＣＶ）は金利優遇の対象となるが、高くて手が届かない。すでにハイブリッド車は対象外だし、高い。中古車だと金利が高くなるそうだ。

マイカーを買える資金が貯まるまで待ったほうがいいのかもしれないが、その間もタクシー代はどんどん出て行く。悩むところだ……。

# 「カーシェア」も選択肢に入れましょう

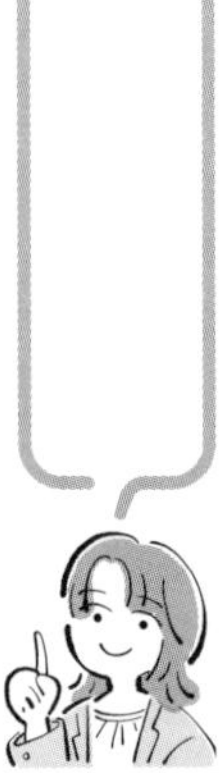

## ✧車は維持費も高い

幸い、健司のマンションには、ちょうど1台分だけ駐車場に空きがありました。マンション敷地外の駐車場よりは安いですが、月額契約でも毎月1万円かかります。

マイカー保有でかかるお金は、それだけではありません。

自動車税だけでも年間に2万～5万円、初回は3年後、それ以降は2年ごとの車検時に支払う自賠責保険の保険料、法定印紙代、重量税、それに車検取扱業者に支払う手数料が発生します。任意保険や交換部品代や修理費も考えておかなければなりません。

整備費用が安い車検取扱業者を選ぶと多少割安になりますが、それでも毎月数万円ほどの整備や修理の費用を計算しておかなければなりません。

２０２６年4月30日までは、エコカーを買うと対象になる「エコカー減税」があり、重量税が免税・減税されます。中古車の場合、新規登録から13年を超えると自動車税の税額が上がり、さらに18年を超えるとまた上がるので、あまり長期間所有するより、中古として下取りの値がつく2回目の車検前に買い替えるほうがお得です。しかしそうなると、また新しくローンを組むか、数百万円の現金が出て行くことになります。

週末だけの利用だとしても、ガソリン代はかかります。全国で年平均7万円余りがかかっています。

## ✧「残価設定ローン」を活用するのもあり

今、あまり資金がない二人のような人を対象に、残価を設定したローンもあります。これは、売却時の車の下取り価格（残価）を事前に設定し、「車両価格－残価」を分割して支払う仕組みです。実際にそれより高く売れた時にはその分損をしますが、毎月の支払いを安く抑えられるメリットがあります。これなら費用を抑えられて、毎月1万円台から利用できます。

もし週末だけしか使わないなら、カーシェアもあります。

最近できた新築マンションの駐車場には、必ずと言っていいほど、カーシェア会社の車が1台あります。マンションの住民でシェアするためのものです。10分間150円ほどの料金で、高くても1時間1000円余り。例えば1日借りても1万円もしません。ガソリン代も含まれているので、とてもお得です。別途、月会費が1000円近くかかりますが、ポイントが貯まるところもあり、自分で所有するよりかなり安いです。しかも東京都内では駐車場代が月4万円ほどするので、これを考えてもお得です。

健司と美咲は現在、経済的に余裕があるとは言えません。少し生活に余裕ができてから車の購入を考えてもいいのではないでしょうか。毎日車に乗らないのなら、まずはカーシェアで試してみることです。

カーシェアの会社はいくつかあります。タイムズカーはガソリン、保険料込みで15分、220円です。予約開始時間から返却完了までの時間になります。24時間で6600円からで、車種によって「ベーシック」「ミドル」「プレミアム」の3種類があります。

三井のカーシェアは10分で150円、24時間で7300円、他にもオリックス、コスモ石油の「やさしいカーシェア」などがあります。近くのカーシェアを探してみることです。

## 残価設定ローン vs カーリース vs カーシェア

| | メリット | デメリット |
|---|---|---|
| 残価設定ローン | ●毎月の費用がカーリースや一般的な車のローンより抑えられる | ●ローン終了後、残価を払えば買取も可能だが、総額は一般的な車のローンより高くなる |
| カーリース | ●税金、修理費用がかからないのもある<br>●週末や夏休みなど、頻繁に利用しない場合にお得 | ●ローンよりも毎月の支払額が高くなる<br>●レンタルなので、買取りはできない |
| カーシェア | ●スマホで予約でき、10分間など短時間でも利用できる<br>●駐車場などがかからない<br>●近所にあることが多く、わざわざ借りるために遠くまで移動しなくてもいい | ●誰かが車を利用している場合は利用できない<br>●ペット可の車や喫煙車が少ない |

Chapter
4

# こんな「予想外のこと」にも備えておく

ただいま～
ヘロヘロ
ガチャ
お義父さん、大丈夫だった？
おかえリ
まさかお義父さんがこんなに早く倒れるなんてね
うーん
トホホ…
もうこっちが倒れそうだよ…
こっちが倒れては本末転倒！
バーン
ビクーッ
施設に入所してもらうことを考えましょう
ナルホドー
ドキドキ
エーッ

12

# 保険――例えば、フリーランスになったら？

## 病気、そしてリストラだってある？

マンションのペアローン問題は、結局、変更することなく、健司は自分の収入だけで住宅ローンを払っていた。ところが、体調不良が続き、そのことを上司に伝えたところ、有給休暇を使うよう指示された。でも10日間の有給休暇ではとても足りず、先月はまるまる無給休暇となり、月収がゼロの状態になってしまった。

入院したものの、詳しい病名がわからない。ストレスからくるものだろうか？

健康保険に加入しているため医療費はそれほどかからないが、健司の会社は病気用の休暇は設置しておらず、しばらくは無給を余儀なくされた。この数か月は美咲の月収で、生活費だけでなく住宅ローンまで払うことになった。

そして、とうとうリストラされてしまった。「まさか健司が会社を辞めさせられる」なんて考えていなかったので、美咲はショックを隠せない。でも「2か月と7日待機す

れば、月収の6割ほどの失業手当も出るからマシ」と、明るくふるまっている。健司もそれで自分を納得させることにした。

美咲が正社員待遇で勤務を続けていたからよかったが、もし辞めていたら、一家はたちまち路頭に迷うことになっていただろう。

ようやくストレスも軽減されて、健司の体調は回復しつつあるが、また、いつ体調が悪化するかわからないので、当面はフリーランスで仕事をしようと考えている。

システムエンジニアは若い人向きの職種だが、ささやかながら、そのエンジニアをサポートする仕事ならまだまだやれる自信もある。なんとか力になってくれる仲間もいるし、お得意先もありそうだ。

しかし、今は美咲も働いているけれど、二人とも、将来がにわかに心配になってきた。本当にフリーランスで大丈夫なのか？　手当もないし、国民健康保険料も割高だ。手続き一つとっても、これまで会社の総務部に任せっきり。どうすればいいのか、まったくわからない。

民間の医療保険にも加入しているが、どこに契約書があるのか、どんな内容なのかも詳しく頭に入っていない。でももう、会社に頼ることはできない。

今は何をすればいいのだろうか？

# フリーランスは「医療」と「年金」に注意しましょう

## ✧団信に特約をつける方法も

フリーになったら、医療と年金に注意することです。

まずは、今加入している民間の保険を整理しましょう。これまでは会社員でしたから厚生年金と健康保険でしたが、辞めると、国民年金と国民健康保険になります。これらは毎月4万円以上払うことになりますし、妻や子供の分も合わせると、とても負担が多くなります。まず、しっかりこれらの費用を賄うために、無駄な契約を見直しましょう。

健司は、会社をリストラされた時のために民間の収入保障保険に加入していましたが、これは死亡した時や病気・ケガで約款所定の高度障害状態になった時だけ該当するものでした。なので、原因不明の体調不良で会社を休んだ時には使えませんでした。そこで就業不能保険を検討しましょう。これは病気やケガの場合も保障されます。

また、住宅ローン加入時に団体信用生命保険にも加入していました。前にも述べたように、返済するべき契約者が死亡した場合や高度障害状態になった時に、代わりに残金を支払ってくれる保険なのですが、こちらも非該当なのでカバーできませんでした。

でも実は、団信には特約があるのです。りそな銀行などでは0・3％ほど金利に上乗せされますが、三大疾病や人工透析、要介護状態などの場合に保障対象となる特約をつけることができます。

## ✧死亡保険は貯蓄率が高い養老保険がお得

他にも保険を見直してみました。するとまだ満期がきていない下の娘の分の学資保険と、健司の死亡保障付医療保険（死亡保障をプラスした入院保険）と美咲の終身保険に加入していることがわかりました。ちなみに、上の子供は、満期になった金額を高校の入学金や授業料に使いました。

死亡保険には貯蓄型のタイプでは養老保険と終身保険があります。掛け捨てタイプでは定期保険があります。

養老保険は、65歳など、満期の年齢を自分で設定でき、それまでに万一のことが起きた場合は死亡保険金を受け取れます。満期時にもし生きていたら、満期保険金（死亡保険金と同額）を受け取れるメリットがあります。ただ保証期間はこの場合、満期時の65歳までになります。

また、終身保険も同様に貯蓄タイプですが、保障は生涯続きます。満期保険金はありませんが、払い込み終わった金額を解約払戻金として受け取ることもできます。ただ、利息は養老保険よりも低くなり、払い込んだ金額よりも少なくなることもあります。また、受け取り時にインフレになっていると目減りするというデメリットもあります。

いずれも毎月2万円ほど払い込まないといけないので、健司は以前は諦めました。

それでも、当時、子供が小さく、妻もパートだったので、健司は自分に万が一のことがあった時のために、死亡保険が必要だと考えました。そこで、毎月1500円という安さの掛け捨ての定期保険に90歳まで加入しています。定期保険は掛け捨てですが、毎月の負担が1500円と小さくて済むので加入することにしたのです。

## 養老保険・終身保険の特徴

### 養老保険

- 死亡保険金が受け取れるが、満期に生存していても受け取ることができる（例：65歳の満期保険金100万円、またはこの間に死亡すると死亡保険金100万円が支払われる）
- 死亡保険や満期保険金などを妻に残したい夫に向いている
- 貯蓄性は終身保険より高い
- 金利が高い時は貯蓄率が高いが、低い時は預貯金より不利になり、特約をつけたり、途中解約すると元本割れもある
- 保険期間が10年間（65歳まで）などと決まっており、生涯続くわけではない

### 終身保険

- 保障が一生涯続くので、特に、長生きする女性に向いている
- 死亡保険金が支払われるので子供に資金を残せる
- 必要なら保険期間の途中でも解約返戻金を受け取れる。30年ほどの長期間後に解約払戻金を受け取ると払い込んだ額より多くなる商品もあるが、短期間だと少なくなる
- 養老保険よりも期間が長いので、その分、貯蓄率が低い

## ✧入るなら「がん保険」

ではこの例を参考にしながら、どのような保険に加入すべきかを考えてみましょう。日本人は生命保険に加入しすぎていますので、最低限に絞ることです。

結論から言うと、子供が小さいうちは死亡保険が大事ですが、本人がある程度の年齢になるとそこまで死亡保険を残す必要もなくなります。

中高年になってくると、多くの日本人が心配しているようにがんの保険が大事です。もしその時のため、最低でも入院費など500万円ほどの貯金が不可欠ですが、それがない二人は、せめて先進医療が適用となるがん保険にだけは加入すべきです。

三大疾病などの治療費は公的な健康保険である程度賄えますが、がんだけはお金がかかります。「高額療養費制度」を利用しても、がんの場合は案外出費がかさみがちです。しかも先進医療が必要となった場合は、自費では賄いきれないのです。

また、以前は諦めましたが、多少は余裕ができてきた今は、女性である美咲は長生きする可能性が高いと考え、生きている限りカバーできる終身保険に加入しています。毎月1万円ほどかかりますが、将来への備えも大事です。これは、このまま続けるべきでしょう。

## ✧保険会社からお金を借りることもできる

よく、お金に困って保険を解約する例も見られますが、解約は本当にやむを得ない時でない限り我慢すべきです。途中の解約では、これまで払い込んだ金額の7割ほどしか戻って来ないのです。

そこで、解約をする前に、保険を担保に保険会社からお金を借りることを考えましょう。これは「契約者貸付制度」と言い、銀行や消費者金融から借りなくても、これまで長期間、毎月保険料を払い込んできた実績があれば貸してくれる制度です。つまり、これを担保に保険会社からお金を融資してもらうことができるのです。

保険を解約しなくても、契約者であればお金を借りることができるのはメリットですが、無利息ではありません。借りるからには金利が発生してしまいます。と言っても、それは4～6%ほど。クレジットカードや消費者金融よりは低くなっています。

また、銀行から借り入れをする場合は審査が必要ですが、加入している保険会社なら、それは不要です。解約払戻金の範囲内で借りることができます。ただし返済しないと、保険契約が失効したり、解除となったりすることがあります。

## ✧フリーや自営業こそ個人年金を

美咲は、これまで以上に健司だけでなく自分の健康管理に気をつけるようになりました。また、将来のお金のこともシビアに考えるようになってきました。

両親が自営業だったので、「国民年金だと支給額が少なくて老後の生活が大変だ」とぼやいているのを思い出し、「自分もそうなるのではないか」と将来の収入をどうすればいいのかも考えるようになったのです。

幸いなことに二人はマンションを購入しているので、家賃はかかりません。

厚生年金は、男性の平均受給額は約16万円、女性は約10万円（令和4年度）です。

しかし美咲はパートの期間もあるので、それを考慮すると、受給額は7万円以下かもしれません。また、国民年金の場合、男女ともに平均受給額は月にたった5万円余り。健司の場合、厚生年金をかけていた期間はありますが、これからずっと国民年金だとすると、7万円以下になってしまうかもしれません。二人の合計で17万円ほどあれば、老後の家計は賄えそうですが、定年後、完全に仕事がなくなったら、受給するまでの期間、働き続けることができるかどうかが問題。しかも健司の病気も心配です。

やはり年金収入だけでは不安だと考えるのなら、二人には個人年金が必要になりそうです。

## ✧終身年金だけでは生活費として不十分

個人年金では、おひとり様なら有期年金、夫婦には確定年金や終身年金が向いています。

有期年金は、生きている場合のみ契約時に定めた一定期間に年金を受け取れます。その分、払い込む保険料が安くなっています。死亡しても遺族には支払われないため、遺族がいないおひとり様向けで、子供がいる夫婦向けではありません。

確定年金は、契約時に定めた年齢から一定期間年金が受け取れます。例えば75歳と設定すれば、75歳から一定期間年金が受け取れますが、もし被保険者が死亡した場合は、遺族が受け取ります。

これは、女性より平均寿命が短い男性、つまり、おそらく先に死ぬであろう年上の男性、夫向けかもしれません。

それに対して、終身年金は生きている限り年金が受け取れますが、早く亡くなると、払い込んだ金額に対して年金受給額は少なくなります。ある程度の貯金があって長生きをする女性向けとも言えます。

また、確定年金に比べると利率が低く、受給額も少ないので、これだけでは生活費としては十分ではありません。長期間払い込むので、払い込む時と受け取る時の物価の変動次第では、実質的に目減りしてしまいます。これから物価が上がるかもしれないと考えると、健司と美咲には確定年金がよさそうです。

## 有期年金・確定年金・終身年金の仕組み

### 有期年金

- 70〜80歳までなどと受給期間が決まっており、生きている場合に年金が受け取れる
- 期間が決まっているため、保険料は安く抑えられている
- 期間中に死亡したら年金は終了する

### 確定年金

- 70〜80歳まで、などと受給期間が決まっている
- 途中で死亡した場合、残りの期間の年金は、遺族が受け取ることができるため、子供がいる人向け

### 終身年金

- 生きている限り、生涯にわたり年金を受給することができる。死亡すると年金は受け取れない

## ✧受け取りは定額か変額か

一括受取か年金受取か以外に受給方法には2種類あります。

定額個人年金は、名前の通り、契約時に利率を決めるため、将来受給する年金額が確定している保険です。受け取る年金額が決まっているため、将来のライフスタイルの設定がしやすく、また、払い込む時は、生命保険料控除が受けられるメリットもあります。

デメリットは、やはりインフレによって目減りすること、途中解約すると元本割れになる恐れがあることです。

他方、変額個人年金は、保険会社が株式や債券などで資産運用を行うため、将来受け取れる年金額は決まっておらず、増えることもあれば元本割れのこともあります。でも年金なので、元本割れは避けたいところ。余裕がある夫婦のみ、こちらを選ぶといいでしょう。

いずれも注意点は、年金受給の時に、税金がかかる場合もあるということです。

リストラ
病気

# 13 将来の年金を少しでも増やすには？

## もっと個人年金を増やしたいけれど……

病気や将来の年金などが心配。これらを考えると、もっと個人年金を増やしたいけれど、健司と美咲はやはり躊躇している。安心できるまでの金額を受け取るとなると、毎月の支払いが数万円増えてしまうのだ。

フリーランスになったばかりの時は、民間の生命保険に加入したくてもやりくりが大変で、とても資金が足りない。

しかも、少し先の将来なんて、どうなるかわからない。もし保険金を払い続けることができずに解約するとなると損をしてしまう。

そう考えると、金利が上がる今、その分を貯金に回したほうが得策だ。

もちろん、まだ厚生年金を払えば、年金受給額も増えるだろう。でも、会社に勤務していない場合はどうしたらいいのか。

フリーランスでも増やす方法はないのか。国民年金の受給額はもう増やせないのか？

せめて節約して残った毎月1万円を、ご褒美ではなく貯金に回そうか。毎月1万円が貯金できたら年間12万円、10年で１２０万円になる。この貯めた分を定年後、収入がなくなった時、65歳から75歳の10年間、毎月1万円分を生活費にあてれば、とても助かる。その後も長生きすることを考えて20年間貯金したら２４０万円となり、85歳までの生活の足しにできる。

もちろん、それだけでは足りない。今の時代、いつまで生きるかわからないし、特に女性は長生きするだろう。人生１００年時代も当たり前。90歳前半まではお金がかかる。

それに毎月1万円分の生活費が増えただけでは心もとない。

生きている間中、生活費をもっと多めに受け取る方法はないのだろうか。

# 国民年金基金などへの加入を検討しましょう

## ✧ 真面目に国民年金を払い込んでも……

　まずは将来受け取れる国民年金額を増やすことを考えることです。と言っても、そもそも国民年金保険は毎月1万6980円（令和6年度）もするので、払えないこともあるかと思います。そこで収入が減少した場合に利用できる全額免除に加えて、4分の1、半額、4分の3といった一部免除の「保険料免除制度」があります。

　実はこれは、受け取る年金額が、かなり考慮されています。免除を受けた期間については、全額免除の場合でも、全額納付した場合の年金額の2分の1が受け取れます。4分の3免除の場合は、全額納付した場合の8分の5です。つまり、この場合、4分の1しか払い込んでいないのに、4分の2・5が受け取れるので悪くありません。

　また、50歳未満で所得が少ない人は、保険料の一定期間が免除される納付猶予制度があります。これは、黙って何もしないでそのままにしていると、ただの未納になり、免除になりません。そうすると、この期間は受給資格期間として受け取る年金額に反映されません。忘れずに申請することです。

国民年金保険は、20～60歳まで払い込まなければならない国民の義務です。未納者は約17％もいますが、義務なので督促がきます。特に地方では厳しく、半年ほど払っていないと口座から差し押さえられることもあります。それだけではなく、10年以上払い込んでいなければ、年金を受給できないという条件がありますが、もし健司の収入が130万円以下なら、美咲の会社の社会保険の扶養になることができます。

とは言え、真面目に国民年金保険を40年間払い込んでも、満額として年間81万6000円ほど。最大でも月6万8000円にしかなりません。

## ✧こんな「年金を増やす」制度、方法がある

そこで、国民年金基金に加入するという方法を考えましょう。加入は口数制で年金額や給付の型は自分で選択できます。自分が何口加入するかによって受け取る年金額が決まります。また給付の型も終身年金型と確定年金型があり、合計で7種類から選べます。

厚生年金の受給額より国民年金のほうが少ないので、国民年金の方のための受給額を上乗せする年金制度です。予定利率も現在は、1・5％あります。

掛け金は、年齢、性別によっても違いますが、月額6万8000円まで払い込むことができます。詳しくは「国民年金基金連合会」のサイトから調べてみてください。

メリットは全額が所得税の控除の対象になることです。例えば、掛け金が年30万円だと、所得税と住民税で合計約9万円が減額されます。

他にも、将来の受取金額を増やすものがあります。月400円を払うのですが、2年間で元が取れる付加年金は、支払った付加保険料の全額が社会保険料の控除の対象になります。

他にも、個人事業主向けの小規模企業共済なら、月額1000円から掛けられます。

## 国民年金などの受給額を増やす方法

### 付加年金

- 国民年金の第1号被保険者と任意加入被保険者が対象
- 国民年金保険料に「付加保険料月400円」を上乗せすると、将来、受け取る付加年金額は「200円×付加保険料納付月数」で、2年間受給すれば元が取れる

### 国民年金基金

- 国民年金基金の加入は「自分で何口入るか」を選べ、月額68,000円以内で選択
- 65歳まで加入可能
- 所得税・住民税の軽減
- 付加年金と国民年金基金は、両方に同時に加入できない

60歳になっても受給前であれば、納付猶予や学生納付特例があっても、任意加入制度と付加年金を活用してある程度補える

### 小規模企業共済

- 月々の掛金は1000円～7万円の範囲で自由に選べる
- 加入後も掛け金の金額は変更可能
- 掛け金は全額所得控除が可能

# 14 親の介護費用、どうやって工面する？

## 意外に早くやってきた「親の介護」

健司の父親が突然、倒れた。母が昨年、がんと診断され、入退院を繰り返すようになって、父親にはそれが影響したのかもしれない。もちろん、病身の母に父の介護を担わせるわけにはいかない。

まだ介護施設には入所できず、今は健司が日中、両親の家に出向いて、生活の面倒を見ているが、万が一、認知症にまでなったら、ますますにっちもさっちもいかない。かと言って、マンションを売り払って引っ越すわけにもいかない。

これから介護に一体いくらかかるのだろうか、そう考えると、健司は夜も眠れない。

両親の収入は年金が年に２００万円、駐車場収入年間20万円。しかし、貯金は５００万円しかない。ただ、両親はマンションに住んでいてローンも終わっているから、家賃がかからないのは助かる。父親自身が加入していた公的介護保険もあるにはある。でも

実際には、それだけでは到底足りない。

介護保険料の支給限度額は要介護5で月約36万円。自己負担は1割だから、約3万6000円まで使えることになる。しかし、自己負担1割としても、訪問介護や訪問入浴サービス、排泄介助などに加えて、介護用椅子、ベッド、歩行器や車椅子などのレンタル、それに通所介護とリハビリなどが週2回、ショートステイが週に1回などで、場合によっては支給限度額を超えてしまう。

「二人の年金から払っていい」と言われているが、実際には母の入院費もあって、年金では到底賄えない。両親の貯金を崩して支払っている状態である。

少しでも節約しようと、健司が介護の真似事をしてみたが、大きな体の父を運ぶのはとても無理。頭を打ちそうになって危険を感じることもしばしばだ。

24時間、健司が付き添っているわけにもいかない。特に夜間は、トイレの介助のために、介護ヘルパーの資格を取得中の学生アルバイトを夜8時から朝まで雇うことにした。この費用が1回1万5000円もかかる。

週末は健司が泊まることにしているが、このアルバイト料は自費だから週1回でも合計6万円かかる。

遠くても施設に入所してもらうべきなのか……。悩みは尽きない。

# 一人で抱え込まず、各種制度やサービスの活用を

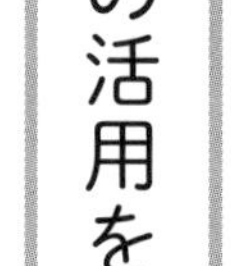

## ✧親にはなるべく施設に入ってもらう

日本で今、家族の介護をしている人は約６９０万人と、人口の17%余りいます。しかも最近は、介護だけでなく、ダブルケア（育児と介護）が増加していて、これが約30万人います。長寿の時代を反映して、かつては「８０５０（80歳の親を50歳の子供が面倒をみる）」と言われていましたが、今は「９０６０（90歳の親を60歳の子供が面倒をみる）」も増えています。

一方で、独居老人も増えており、自分で自分の介護をしなければならなくなっています。そのため、自立型介護用品も増えており、椅子に座ったままトイレに移動できるものもあります。

介護する側からも、弁当や夕食の宅配サービスを利用したりすれば負担が減りますし、

ディスプレイがついたスマートスピーカーを家や実家に設置すると、呼びかけ機能、ビデオ通話で実家といつでもつながることができて安心です。

中には、若くして介護を始め、なすすべもなく、一人で抱え込んでいる人もたくさんいます。介護される側が家族には迷惑をかけられないと遠慮するだけでなく、介護するほうも誰にどう頼んだらいいのかわからずストレスは溜まる一方です。

多少、費用はかかりますが、週4回はデイサービス、3回はショートステイなどと、できる限り人に頼れる日数を増やして、介護する人の負担がなるべく軽くなるようにすることが重要だと思います。私の知人は、夜トイレに連れて行くヘルパーを1か月単位で依頼して月25万円もかかっていました。

経済的な面からも、多少遠くても、施設に預けることをおすすめします。施設は月5万~15万円です。とは言え、週に一度ほどは着替えなどを持参する必要があり、施設からも呼び出されることもあるので、まったく行けない場所は選ばないことです。

どうしても近くに引っ越さなければならない場合は、購入したマンションを売るか、賃貸として貸すことも検討しなければなりません。ただし、売る場合は、1年ほどかかることがあるので、注意が必要です。

今の住まいからもう少し近くて、比較的通いやすい施設が空くのを待つ場合は、1年間だけ、などと期間を決めるのがいいでしょう。

## ✧自分の働き方を改めて見直すことも必要

実は会社に勤務している場合は、介護休業があります。

要介護状態にある家族一人につき3回を上限に93日間取得できる制度もあります。他にも短時間勤務や残業免除などもあり、これは、パート、アルバイトでも申請できます。配偶者の親も介護休業の対象になるので、この場合、会社で働いている美咲が休業を取得する方法もあります。

健司の場合、まずは、両親が加入している公的介護保険を頼ってみましょう。そして、無理をしてでも早めに日中の仕事に復帰し、働いて収入を確保することを考えるべきです。健司の場合は、貯金も少ないし、美咲の収入だけでは立ち行かなくなってしまいます。今は、在宅ワークが可能な職場も増えています。あるいは介護のために転職して、夜間に働けるガードマンやタクシーの運転手に仕事を変えている人もいます。

## 介護の時に役に立つ制度

| | |
|---|---|
| **介護休業** | 要介護の家族一人につき3回まで通算93日間取得可能 |
| **介護休暇** | 家族一人につき年間5日まで、1日単位、時間単位で取得可能 |
| **介護休業給付** | 雇用保険の加入者が要介護の家族のために介護休業を取得した場合、給与の67％を受給できる |
| **深夜業の制限** | 夜10時～朝5時までの労働を制限可能 |
| **所定外労働の制限（残業免除）** | 残業を制限可能 |
| **民間の介護割引** | 遠距離介護の人の旅費の負担を軽減するために、航空会社が実施している介護割引。飛行機の運賃が3～4割安くなる |

## ✧介護施設と関わっておくことが大事

介護が必要で公的介護施設に入所するには、市区町村の窓口で介護保険を申請しなければなりません。

その後、職員が自宅を訪問し、聞き取り調査をした後、認定されます。それから希望の施設が空いていれば入所することになります。ただ、申請から認定されるまでに1か月以上かかるケースもあります。

どうしても希望の場所が空いていなければ、民間の介護施設に入所することもあります。その場合、両親の自宅やマンションを「リバースモゲージ」の制度を使って老人ホームの入居費用にあててもいいと思います。

完全に売却してしまうと、もし自宅に戻ってこようとした時に、住むところがなくなるので、自宅やマンションを担保にしてお金を借り、将来、本当に売却したい時に引き渡すという方法もあります。

話を戻しましょう。施設に入所した場合の費用はいくらでしょう。

要介護3、4、5の場合は、特別養護老人ホーム（特養）に入所できますので3万円ほどで済むこともあります。

ただ別途、食費が5万円、その他1万円ほどかかる場合もあります。入所一時金もないですし、支給限度額を超えても、年金からも払えます。特養に入所できない要介護1、2でも8～10万円ほどで入所できる施設もあります。

これらは、実はコネも重要です。知り合いがいると優先的に入所できることもあるので、日頃からデイサービスなどで少しずつ関わり、良好な関係を築いておくことが大切です。

Chapter
5

# 無理のない投資を始めてみよう

う〜ん……
シーン
最近はもう
利息がほとんどつかないな…
株でもやってみようか
お義兄さん、株やってたよな？
うーん
でも、
元本割れになったら困るし…
ニュッ
確かに…
まずは
国債を買ってみては
どうでしょうか
へー
居たのか……

# 15 金利上昇局面では、「投資」ってどうなの？

## 初心者向けのお金の増やし方

物価は上がり、何もしなくても支出が増えていく一方。節約するために、いろいろ試しているが、とても追いつかない。なんとか少しでもお金が残せないか、そして増やせないかと、美咲はいろいろ知恵を絞ってみた。

「やはり貯金しかないのかな……」

思いつくのは貯金しかない。今は金利が上がる局面、貯金がたくさんある人は利息が増えるはずだ。でも、貯金が少ししかない自分たちの場合は？

健司に相談したら、「せめて普通預金より金利が高い定期預金にしよう」と言う。確かに利息は高くなるが、全額を回してしまうわけにはいかない。しかも急にお金が必要になることも考えると、半年とか1年の定期預金にするので精いっぱい。

もしも、ひどい病気になったりすれば、絶対に解約するしかない。でもこれは逆に損をしている気がする。

金利が高い預金と言えば、外貨もあるかもしれない。例えば、ブラジルのレアルや、トルコのリラ、ベトナムのドンなどは金利が高いと聞く。ということは、普通口座に預金すると日本の倍以上の金利がつくことになる。

でも、新興国の場合は政治的なリスクがあり、暴落しないとも限らない。それに、海外旅行もそんなにできるわけじゃないから、日本円に両替しないと使えないことになる。しかも、日本円に戻すときの為替レートが心配だ。余裕資金なら、タイミングのいい時に日本円にすれば利益が出るかもしれない。ただ、我々はきっと急に必要になり、為替レートが悪く、日本円が安い時に日本円に戻さないといけないかもしれない。

やはり国内で安定性の高いものがいいだろう。しかも少額の資金で始められて、年金代わりになりそうな、確実に元本保証されている金融商品が望ましい。老後の毎月の生活費は1万円でも多く受け取りたいものだ。

## まずは「変動金利の国債」を買ってみましょう

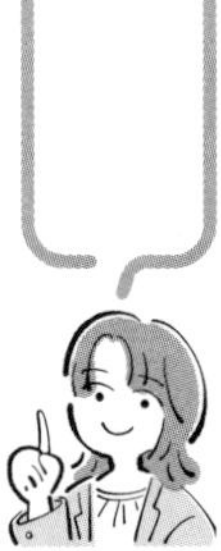

### ✧「個人向け国債」は安心、安全の元本保証

貯金では定期預金の金利が上がったとしても、少しずつでしょう。あまり大きな期待はできません。

そこでおすすめなのは「個人向け国債」です。原則元本保証なので安全に運用したいと考える人には向いています。

国債には固定型と変動型があります。これから金利が上がることが予想される局面では、変動型だと利回りが上がり、プラスになることが期待されます。

国債の変動型は10年ものがあります。変動10年は毎年2回金利が見直されます。これから10年間は、金利は上がることが期待されますので、毎年2回、その金利が利子として受け取れるのです。しかも万が一、長期金利が下がっても、0・05%が保証されてい

## 個人向け国債の種類

### ▶ 種類

| 種類 | 金利 | 満期 |
|---|---|---|
| 固定型 | 金利は固定 | 3年と5年 |
| 変動型 | 半年ごとに金利が見直される | 10年のみ |

### ▶ 特徴

- 満期まで持っていれば、元本割れはしない
- 0.05%（年率）の最低金利が保証される
- 1万円から購入可能
- 最初の1年間は換金できないことに注意
- 年12回発行される

ます。

一方の固定型には3年と5年ものがあり、その国債が発行された時の金利で固定されます。

例えば、固定3年と固定5年は基準金利が0・05%となっている場合、0・05%で確定しており、それ以上の増減はありません。3年後、5年後に旅行したいとか、何かイベントがある場合は、固定型もありでしょう。

## ✧今後、金利上昇がますます進むと……

今後、金利が上がるとすると、半年ごとに決まる変動のほうが早く上がりますが、金利上昇がもっと進めば、いずれ固定3年や固定5年の国債の金利も上がる可能性があります。日銀の植田和男総裁は、国債の買入れを少しずつ減らし、国の保有残高も減少していくとしています。

日銀が国債買入れを減らしたり、市場で国債や手形を売ったりすると、結果的に市場の通貨流通量を減らすことになり、金利を上昇させる効果があります。これを「売りオペ（売りオペレーション）」と言いますが、インフレで物価上昇の傾向にある時には、物価を下落させるために実施する方法です。

日銀の国債に対する態度には曖昧な点が多いですが、今後は長期金利が上昇傾向にあることは間違いありません。内閣府は「中長期の経済財政に関する試算」にて、2030年度に10年国債利回りが2・7％に上昇する成長実現ケースを示しています。

国債は、満期時に元本が返済されますが、発行時に決められた利息で一定期間ごとに利子が支払われます。買った後は自分で売買もできますが、その時の需要と供給に応じて価格が変動します。

現在は金利が上昇気配で、国債売りの圧力も高まっている時期。すると国債価格が下がり、利回りが上がります。

例えば、わかりやすく満期までの期間が1年で、額面が100円で、利率が1％の債券があったとしましょう。この債券を発行時に1000円分購入した場合、額面の1000円に利子10円の1010円が受け取れます。

しかし、この債券の人気が低迷して価格が995円に下がった時に購入した場合、満期では、額面との差の5円の利益と10円の利子を合わせて15円が受け取れます。この時、利回りは約1・5％になっています。価格が下がると利回りが上がり、利益が増えるのです。

つまり、国債の変動型10年は、利率が上がっている今が注目なのです。

ここで大事なことは、日頃から金利に敏感になり、国債の購入時には利回りが上がると得をする、ということを覚えておくことです。ただし、「もう少し利回りがよくなってから」と先延ばしにしていると、結局、買うタイミングを逃してしまうので、どこかで決断することも大切です。

国債の仕組みはやや難しいですが、次の図を確認していただき、興味があれば購入を検討するといいでしょう。国債は郵便局や銀行などの窓口で説明してもらえます。また、1万円ほどから購入でき、小さいリスクで始められます。最初の1年間は換金できませんが、それ以降は1年分、つまり過去2回分の金利を払えば（その分を受け取るのを諦めれば）換金できます。

## 国債の価格の仕組み

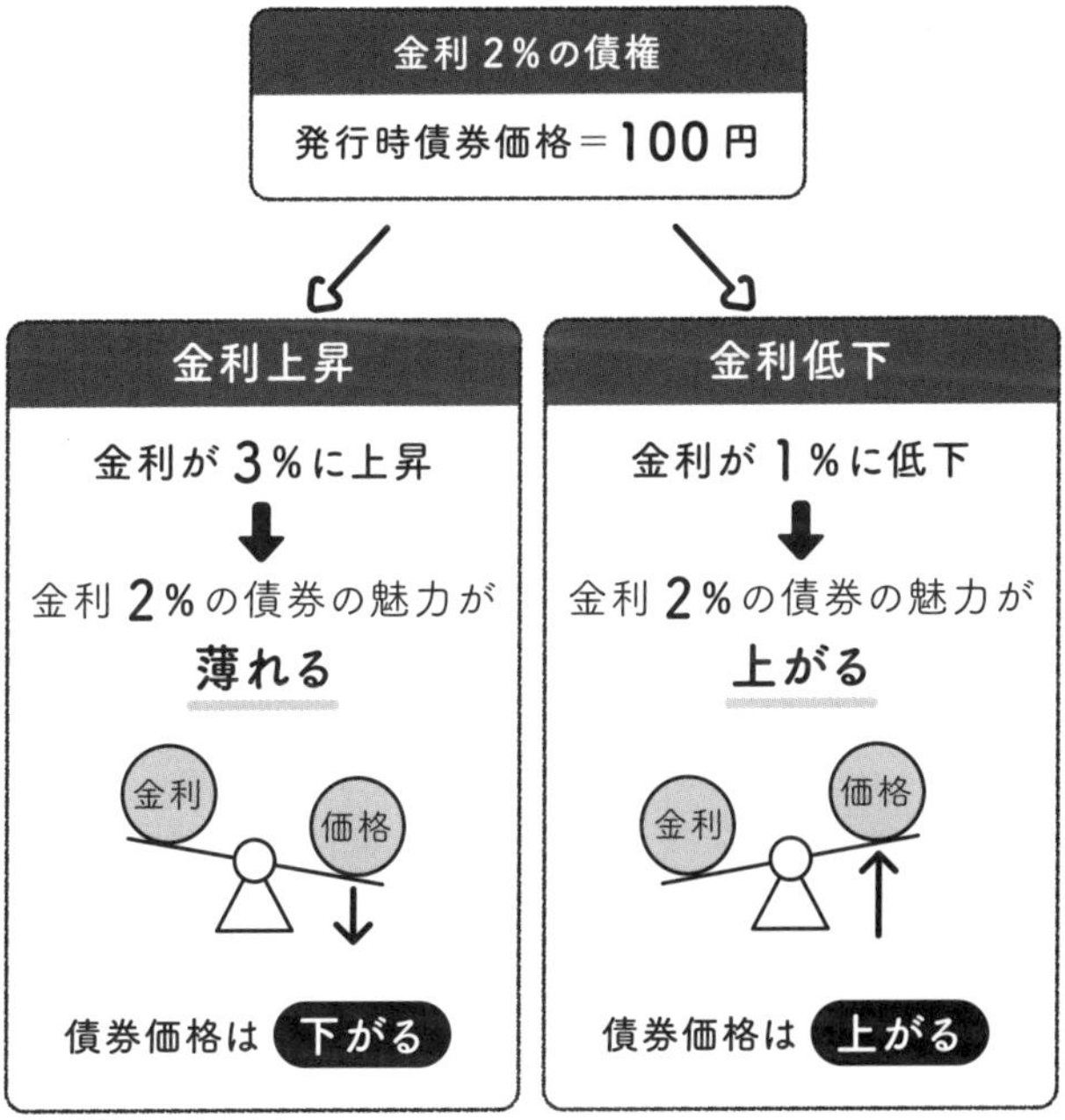


金利2%の債券を保有していて
⇒市場の金利が3%
⇒金利3%の債券が発行（出回る）
⇒保有している金利2%の債券の魅力が低下し、
　需要が減って価格が下がる

# 16 インフレ時代の株式投資のコツを教えて！

## 日本株とこれからの投資！

美咲の兄はイタリアン・レストランを経営している。いつも満席でお客さんも多いが、駅前のいい立地なので家賃も高く、経費がかさんで利益が出ない状態。

でも兄は資産運用に詳しく、これまで株に投資してかなり儲けたらしい。勝負師気質で、ハイリスク・ハイリターンが好きなようだ。

これまでは、投資信託より、日本のハイテク株や米国株などの個別銘柄に投資していたそうで、過去10年でかなりの値上がり益を懐に入れたという。レストラン開店の原資は、それで工面したのだろう。

今はオープンしたての物珍しさもあって、足を運んでくれる客も多いけれど、一巡して飽きられたり、ライバル店が出現したりしたら、途端に客足が鈍ることもあり得る。万が一の時のために貯金するようアドバイスしても、一向に考え直してくれない。

そんな折「これからの投資」について、兄が美咲に語ってくれた。美咲も真似をしたいと思って話を聞くことにした。

ただ、これまで通り、株式投資を続けていいものだろうか。これからの日本経済の先行きは暗くなっていないか。健司も美咲も、「もう株はピーク。これからは下がるのではないか」という疑念を抱いている。

でも、兄は強気一方で、レストランの売り上げで少しでも資金に余裕が生まれると、せっせと株式に投資をしている。しかも生来の勝負師気質のため、短期投資で売り買いをしている。

「兄さんは独身だからまだいいけど、もう62歳になる。今後のことを考えると、安定的な投資をしてほしい」と美咲は考えている。

でも実は、もし可能なら、美咲も兄のように投資をしてみたいという思いもある。国債や定期預金はまだ金利が低いというのが現実。そこで投資信託や株式、為替に目を向けることもありだと考えている。ただし、元本割れになる懸念もあるので、それが怖い。

はたして、株式投資の今後はどうなのだろうか？

## 新NISAを活用し、長期目線で投資しましょう

### ✧短期投資はNG

お兄さんには、これから先、少しだけ将来のことを考えてもらいましょう。

お兄さんは、自分のレストランは将来、美咲や従業員に後を託すつもりのようなのですが、でもそれは、利益が出続けていてはじめて成り立つ話。まず、人手不足のため従業員はすぐに辞めてしまうものです。単純に時給がいいからという理由で入った人は、すぐいい条件の別の店に移ってしまいます。

もし、利益やコストを考えて、今の場所から店を移転した場合、客足が鈍ることも予想されます。引き続きお客さんが来てくれるのかどうか、その対策も考えておかなければなりません。

お兄さんは現在62歳ですが、例えばこれから65歳くらいまでの間、株式に投資して、75歳からリターンを受け取ることを考えると、これまでのような短期投資ではなく、長

期的に10～20年前後で株を運用してもらうことです。

2013年、アベノミクスの時の日経平均株価は1万円。それが今は一時4万円を超えるまでになりましたが、今後は下がることも考えられます。

日経平均株価は4万円超えの後、乱高下を繰り返しています。また、為替相場はいつまで円安基調なのか、それとも円高に推移するのか。こちらも予断を許しません。それによっても、株価に影響が出ます。

そう考えると、初心者には短期の売り買いはおすすめできません。バブル時は、外国人投資家は1割以下でしたが、今は3割を占めています。その保有期間は数年単位から数か月単位になり、頻繁に売買しています。株を買ったらどっしり構えて、じっくり持ち続けることです。お兄さんの場合はともかく、美咲たちの場合には、余計にそれが適しています。

投資先は個別の銘柄の選び方がわかればいいですが、そうでなければ投資信託にしましょう。その際、個別の銘柄を売り買いする「アクティブファンド」ではなく、日経平均などに連動する「インデックスファンド」がわかりやすいです。日経平均株価に連動しているので、日経平均が下がれば自動的に下がります。その時に買うことです。

手数料も比較的安いし、できれば100万円くらいの資金は欲しいところですが、初心者はまずは1万円から始めましょう。詳しくは証券会社に相談してみてください。

## ✧「長期、分散、低コスト」が鉄則

そして、どうせ投資するなら、新NISAの口座を使って、非課税枠を活用することです。

本来、株式投資で得た利益には20・315%の税金がかかります。しかし新NISAの口座を使えば、非課税になります。合計投資額1800万円まで非課税、夫婦なら3600万円までが非課税なのです。利益が大きくなるほど、非課税の恩恵が得られるというわけです。

そもそも、これからの時代に、税金分の20%余りの利益を出すなんて、簡単ではありません。しかし非課税なら、その分を計算に入れておけるのです。

また、「いつまでに売らないと非課税にならない」という期限はありません。投資総額1800万円に達するまで、地道に投資を繰り返していけばよいのです。使わない手はありません。
具体的には、銀行か証券会社に新NISAの口座を開設して、そこが販売している新NISA用の商品から選べばよいのです。お兄さんのように、投資経験がある人なら、一つでも多くの商品を取り扱っているところを選ぶことです。

手数料が高いので、慣れてきたら窓口などの対面相談よりも、オンライン専門にして、自分で決めるほうがお得です。証券会社などは手数料が欲しいので、売買取引を増やそうとして営業電話をかけてきたりします。その結果、知らない銘柄の株などを、つい買わされてしまうこともあります。まったくの初心者はともかく、お兄さんなどすでに多少の知識がある方なら、オンライン専門で十分です。

長期投資のコツは、投資先の地域を欧米の先進国とアジアの途上国とに分ける、投資対象も株式投資だけでなく国債も入れるなど、分散投資をすることです。
ただ、海外株や海外投資の金額は、やがて日本円に戻さなければなりません。その時の為替レートなどを考えると、日本の国債などが組み入れられている投資信託もいいと思います。

## ✧新NISAの「つみたて投資枠」がおすすめ

新NISAには、「つみたて投資枠」と「成長投資枠」があります。

若くて子供がいる夫婦には「つみたて投資枠」があります。これは10年、20年という長い期間、毎月またはボーナス時に少しずつ投資を行う仕組みです。

購入できる商品は、金融庁が定めた一定の基準を満たした投資信託とETF（上場投資信託）だけからしか選べませんので、必然的に大きく下がるリスクは低減されます。

例えば、20年後に年金代わりの生活費として使うために毎月5万円ずつ「つみたて投資枠」に払い込むと、30年後に上限の1800万円になります。ローリスク・ローリターンの積立投資で、老後の資金を確実に貯められます。

美咲と健司は、今は月5万円が無理なら、月2万円でもいいので、二人で1万円ずつ積立投資に入れることです。

でも、つみたて投資枠だと貯金の普通口座とあまり変わらず、大きな利益は見込めません。そのためボーナス時などの月には、10万円分、成長投資枠を使いましょう。成長

## 新 NISAの2つの枠

| | つみたて投資枠 | 成長投資枠 |
|---|---|---|
| 特徴 | 毎月、一定の金額を積み立てる | 自分で選んだ個別銘柄などに1回だけ投資をすることも可能 |
| 取扱商品 | 長期間の積み立て、分散に適した一定の条件を満たした投資信託 | 外国株式、上場株式、投資信託など |
| 対象者 | 比較的安定性が高いため、長期投資用 | リターンも高いが、リスクも高いため、頻繁に取引できる人向け |
| 非課税保有期間 | 無期限化 | 無期限化 |
| 非課税限度額 | 1800万円<br>(うち成長投資枠は1200万円まで) | |

※つみたて投資枠と成長投資枠で同じ商品を取り扱っている証券会社もあります。

投資枠の上限は1200万円です。

お兄さんのように、すでに個別銘柄に投資している方は、新NISA口座の「成長投資枠」に移行すると非課税になるので、税金を払わなくてもよくなります。一方、健司や美咲のような初心者はハイリスクのものは避け、長期投資でかつ分散投資をするのが賢明です。

注意点は、外国株や外国の債券は、海外での利益に対する税金の控除がないということです。あくまで日本国内の控除としての20％が非課税になります。

しかし、新NISAは、あくまで株が上がって利益が出た時に売ることとです。そうでなければ、税金が非課税になりません。その上、一般の口座ならできる損益通算（利益と損失を相殺）もできません。また、3年間繰り越して、その年の利益と通算することもできません。

## ✧「外貨預金」の賢い使い方

ところで、お兄さんのような生活感覚は健司や美咲とは対照的です。しかし人それぞれ、一概に「よくない」と決めつけることはできません。そこで、お兄さんには、具体的な将来の生活設計が曖昧な場合は、「よく出かける海外旅行のために貯金しよう」などとすすめてみてはいかがでしょうか。

例えば、手数料の安いソニー銀行などで、為替レートがいい時に外貨預金をするのです。海外で使えるクレジットカードもあるので、貯めた分を現地に行った際にカードで支払えます。

仮に、1米ドル100円の時に1万米ドルを購入していたら日本円で100万円。これを1米ドル140円の時に売ると40円の利益が出ます。総額40万円の利益です。

しかしこの時、日本円に戻すと手数料がかかるので、現地に行った際にデビットカードで使うようにします。これなら手数料はかかりません。

外貨預金と言えば、米ドルや豪ドルなどを思いつくかもしれませんが、お兄さんは欧州やアジアなどによく行くそうなので、マルチカレンシー口座（マルチ口座）を作っておくのも有効です。マルチ口座とは、複数の通貨を管理できる口座のことです。

お兄さんは、レストランのワインの買い出しにスペインなどに行ったり、店に飾る装飾品などを買いにタイなども訪れたりしているようなので、その都度、出張時期に合わせて日本円から変換するのではなく、日本円が高い時に日本円を売って、ユーロなどに換えて貯めておくと、よりお得です。

日本円を外貨に交換して預け入れるのが「外貨建て」ですが、もちろん、預金には利息がつきます。例えば3年後にまた訪問したい国があれば、そこの通貨を3年間の定期預金にするといいでしょう。定期預金のほうが普通預金より利息が高くなります。

特に定期預金は日本円に換算する時に価値が上がるようにします。為替レートは常に変動しているので、日本円が、その通貨に対して、買った時より値上がりしていれば売る、上がっていなければ持ったままにしておくのです。

## ✧ 通貨の安い国やレートを覚えておくとよい

日本では何年もの間、超低金利で、ほとんど利息がつきませんでした。私は数年前までは普通預金のマルチ口座などを利用するなどして、外貨での投資をおすすめしていたのですが、いつの間にか日本円は一時、34年ぶりの160円台という円安になりました。

そのため、今、日本円を売って外貨を買うと損をします。逆に外貨を持っている方は日本円に換えると得です。

## 主な外貨預金取り扱い銀行

### ソニー銀行

- 外貨預金の取り扱いは12通貨
- キャッシュカード「Sony Bank WALLET」は、Visaデビット機能があり、国内外で利用可能
- 出金手数料は4回まで無料だが、残高などでステージが上がり無料回数が増加する
- 振込手数料の無料回数もステージで増える
- 顧客満足度が高い

### 住信 SBI ネット銀行

- 外貨預金の取り扱いは13通貨
- 米ドル取引の為替手数料が6銭と安い
- SBI証券会社などの利用者は利便性が高い

### 東京スター銀行

- 外貨預金の取り扱いは5通貨だが、ネットバンキングでは円を外貨にする時の為替手数料は無料
- メジャーな外貨のみに投資したい人向け
- 預金連動型ローン商品の相殺計算の対象のため、外貨預金の残高が増えるほど、借り入れの支払利息を減らせる

目安としては、1米ドル100円になれば、米ドルを買うタイミングだと思います。110円くらいでも買ってもいいでしょう。このレートは、2016年11月にアメリカの大統領選挙で、トランプ勝利の見通しとなった時のレートです。近年では最も円高になりましたが、米ドルを買うなら、このタイミングです。

そのために、為替レートは日々気にしておくこと。2024年6~8月時点では、欧州1ユーロは160~170円台ですが、イギリスのEU離脱時の2019年は130円でしたので、これくらいになったら買いです。

豪州の豪ドルは100円弱ですが、過去には70円台の時もありました。80円くらいだと買いのタイミングです。

このように過去10~20年の為替チャートを見て、最も安い時に買うのです。

ついでに言うと、韓国ウォンやベトナムドンも日本円に対して下がっていましたが、最近また上がり始めました。日本円に対してインドネシアルピアなども安くなっているので、頻繁に訪問する人は、今のうちに買っておくといいでしょう。トルコのリラは利下げを繰り返しています。10年前の4分の1に暴落しています。1リラ90円台が10円以下になっています。リスクはありますが、今買って現地で使うならいいかもしれません。

為替は外国株を買う時も大事になります。為替で考えると、仮に株価が半分に下がっても、日本円に変換すると、為替レートのおかげで結局、プラスになるということもあります。例えば、中国の人民元のように日本円に対して過去30年で約2倍になった国もあります。ですから、チャートを見ながら、途上国の中から長期的にこれから為替レートが上がりそうな国に投資する方法もあるでしょう。

　このように、株価が下がった場合のことを考えて、為替で選ぶことも大事です。

# 17 定年後の仕事、生活はどうする？

## 二人の老後を考える

健司の母が退院し、脳梗塞で倒れた父もリハビリ中心の施設に移った。健司もようやく仕事に復帰することができた。リストラされてフリーになってからは、定期的な収入がある仕事の重要性を思い知らされた。そんな時、運よく、ＩＴ関連の先輩が、健司の人柄と手腕を見込んで、自社に招き入れてくれたのだ。いろんな転職サイトが人気だが、それも中堅世代までのこと。今回は年齢の問題もあって契約社員としての紹介だが、健司には降って湧いたような僥倖である。

一方、美咲は、兄の店が近所ということもあって、よく店に出入りし、時々、手伝いを頼まれるようになった。会社員の傍ら、週末はお兄さんのレストランでアルバイトをしていた。「頼むよ、手伝ってくれよ」と兄に執拗に誘われ、「兄弟の間だけに揉め事のタネにならないか」と躊躇したが、断りきれずに本格的に引き受けることにしたのだ。

今は、なんと苦手だった経理を担当し、家計の収支にも役に立っている。だんだん、この店を好きになり、従業員とも仲良くなった美咲は、いずれ直接、経営にも関わりたいというのが希望。とは言え、今のところ会社には定年までいようと考えている。

ただ、健司が、父親もまだ不安定な状況だから、父親の施設を訪問したりしてすぐに自分の希望を伝えることはできない。でも、健司が落ち着いたら、店を継ぎたいと話してみたいと、美咲は考えている。

しかし、それ以前にまず、兄が経営ビジョンを確立し、経営を安定させるよう心がけることが先決になる。でないと、美咲も安心して店を手伝う気にはならない。

でも、健司も美咲ももうこれから先は二人で老後生活を考えなければならない時期に差しかかってきた。

しかし今後、さまざまな業務のＡＩ化が進んでいく中で、自分たちの仕事は安泰でいられるのか。営業から一般事務に異動した美咲は、他に得意なスキルを持っているわけではない。だから、定年後は兄のレストランで働きたい。

ようやく再就職を果たした健司も、仕事のことが心配でならない。健司は今の会社業務の目処がついたら、小さくてもいいからパソコン教室を開きたいと考えている。

# 副業すれば、老後は1000万円で生活できます

## ✧これまでのスキル、キャリアを活かして——

確かに、健司と美咲の二人の場合、この先、何歳まで働けるのかが不透明です。また、リストラや病気になったらどうしようなどと不安もあるでしょう。

定年後の仕事は体力を使わない、そして、慣れているもののほうが楽です。副業が許される会社なら、美咲のように週末にアルバイトをしたり、今から副業を始めたりするのも手です。二つ以上の仕事を掛け持ちするダブルワークも増えています。北欧では、朝、出社前の1時間を近所のヘルパー、夕方帰宅途中の1~2時間を保育所や小売店で販売の仕事をする働き方をする人が多くいます。

二人がもし、定年後、異業種に就きたいなら、今のうちからその業種を経験しておくことが有利に働きます。これまでの仕事にプラス異業種の仕事を掛け持ちするといいでしょう。体力的に自信がないなら、二人の子供が家を出て行った後、空いている部屋で

習い事教室を開くという方法もあります。健司は近い将来、パソコン教室を開催したいと考えています。これまで培ったスキルの面からも適当だと思えます。

美咲の場合は、店の経営者の一人になれなかったら事務職を探すしかないのですが、近所の病院での医療事務や中小企業などでの経理など、必要とされる仕事がたくさんあります。ただしこれらは資格が必要なので、時間とお金に余裕ができたら、資格を取得して定年後の準備をしましょう。これからたった数年しか働けないと諦めるよりも、異業種での資格もあるとチャンスは広がります。

また、もし副業をする場合は会社に届け出て、時間管理を自分自身でしっかりしておくこと。さもないと、もし病気になった場合などに、責任元が不明確となり、労災保険の休業補償給付（休んでから4日目以降の月給の6割程度）が出にくくなります。

## ✧iDeCoはやろう

これからの世代は「年金をどこまであてにできるか」なども不安のタネです。払い込んだ金額分まではもらえるとは思いますが、物価高などで目減りしてしまう可能性は否定できません。

そこでｉＤｅＣｏ（個人型確定拠出年金）を真剣に検討することが有効です。最長70歳未満までしか運用できないので、今すぐにでも始めれば、その分有利です。

ただしこれは、原則60歳以上でなければ受け取ることができないので、毎月払い込むのは余裕資金にして、決して無理のない範囲にすることです。例えばお金に余裕があまりない健司と美咲なら、月５０００円から始めるのがいいと思います。１０００円単位で自由に金額を増やせます。

毎月の掛け金の限度額は、職業によって異なります。美咲のお兄さんなど自営業は月6万８０００円で、専業主婦（夫）も2万３０００円です。２０２４年12月に制度改正され、一部の会社員や公務員の上限が月額2万円に統一されます。

掛け金は全額所得控除の対象になりますし、受取時に出る運用益も非課税です。また受取時には税額控除などのメリットがあります。

そして新ＮＩＳＡと同じように、運用商品は自分で選びますが、より年金向けなので、安定性の高い国内外の国債が多く含まれる投資信託が多いのも特徴です。

## 職業によって異なるiDeCoの掛け金上限額

| 職業 | 掛け金の上限 |
|---|---|
| 自営業者などの第1号被保険者 | 月額6万8000円 |
| 公務員 | 月額1万2000円 |
| 専業主婦(夫) | 月額2万3000円 |

※2024年12月に制度改正があります。詳しくは厚生労働省のサイトなどをご覧ください。

## ✧「経費」の見直しを

いずれ兄の店の経営に携わりたい美咲ですが、そのためには「どんぶり勘定」のお店の経費を見直す必要があります。

今のお兄さんの店舗は相当高い家賃を払っているため、売り上げのほとんどが家賃に食われてしまっています。そこで将来的には、商業用ビルの店舗や、自宅兼店舗を購入することを目標にすべきです。それで大幅に経費削減ができます。

もちろん今、経費にしている光熱費、通信費、それから衣類などに加えて、次から次に購入している店舗用の備品やグッズ、カーテンや飾りなどの装飾品も、経費に含めて計上するとよいでしょう。

一方、健司が定年後、再びフリーランスになったり、パソコン教室を開いたりする場合などもあると思います。こんな形の自営業やフリーランスの方は、何が経費にできるのか迷うことがあると思います。そこで次の表で経費にできるものを示しておきます。

例えば、自宅でパソコンを使って仕事をしている人なら、家賃や光熱費などの3分の1から半分くらいは、経費として計上できます。また、パソコンやスマホ、机なども10万円未満なら消耗品扱いで経費計上でき、青色申告すれば節税につながります。

## 青色申告　経費にできるもの一覧

### ▶経費になる項目

- 光熱費
- 家賃
- 印刷代
- 業務に関連する勉強会などの年会費
- 広告費
- 通信費
- 所属学会・協会など
- 取引先へのプレゼント・慶弔代
- 仕入れ
- 一部の飲食代
- 出張時のホテル等

**注意**

自宅を仕事場と兼ねている場合は、全額ではなく所得に応じた4〜5割が目安

### ▶経費にならない項目

- 10万円以上のパソコン
- 健康診断
- 家族用の玩具や商品
- 業務に関係のない美容関連

**注意**

10万円以上のパソコンの場合、少額減価償却が必要

## おわりに

# 夫婦が話し合うだけで、老後に10万円貯まる

本書では、夫婦関係を良好にするためのお金の管理術を紹介してきましたが、実は夫婦のコミュニケーションが改善すると、毎年平均で７００ドル（日本円で約10万円）も余計に老後の資金を貯められるというＭＩＴ（マサチューセッツ工科大学）の研究結果があります。

例えば、老後の資金のために貯めるｉＤｅＣｏ（個人型確定拠出年金）や４０１Ｋ（企業型確定拠出年金）など私的年金を運用する場合、夫婦が別々に拠出して貯めていくよりも、「妻は安定性の高い債券」「夫はリターンが高い株式」などという形で分散投資すると、将来の安定性が高まります。こういったことは、老後のお金について十分に話し合う時間を設けているからこそ、できることなのです。つまり、良好な人間関係を維持するには金銭的な問題の解決が大事ということです。

そして、賢くお金を貯められる夫婦は信頼関係が築けるだけでなく、老後の精神的な

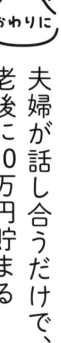

安定ももたらしてくれます。

多くの調査結果では、お金と幸福度の相関関係が高くなるのがシニア層で、特に家族が幸福度を高める要因です。米ダートマス大学のブランチフラワー教授の調査では、幸福度と年齢はU字型になっています。70代や80代、20代で幸福度が高く、先のことを考えずに目の前のことを楽しむといった、同じような傾向が見られます。

逆に、最も幸福度が低いのは40代後半です。育児、仕事などで圧力がかかりやすく、お金の心配も増えている時期だからです。

しかし、「お金の話をすると喧嘩になる」と言う夫婦もいます。でも、お金の会話が増えると幸福度が上がるというデータもあります。RENOSYとベアーズが共同で行った「家族のお金の話とコミュニケーションの実態」という調査によれば、お金の話をしている夫婦は夫婦仲が10点満点中7・2点に対して、お金の話をしていない夫婦の場合は5・4点しかありません。お金の話はとかく気まずくなりやすいのですが、夫婦仲をよくしたかったら、ためらわずに、お金の話をすることです。

「何から話したらいいのかわからない」「きっかけがない」「時間がない」「勉強したり調べたりするのが面倒」という理由や「気まずくなりそう」という理由でお金の話を避けている夫婦が多いようですが、むしろ逆です。夫婦仲はかえってよくなることがわかっているのです。

そこでこの本をきっかけに、将来のお金について会話をすることを強くおすすめします。

何からマネジメントしたらいいのか、投資のイロハも知らないという夫婦は、まずは、節約からスタートするといいでしょう。貯金や返済の目標を立て、それが守れたらお互いを尊敬し合うことができます。価値観も共有できるので、信頼関係も築くことになるのです。

本書を執筆するにあたり、三笠書房の編集者である鈴木純二氏、田中将詳氏、未来工房の竹石健氏に大変お世話になりました。半年間にわたり、最後までご指導いただき、心から感謝しております。

2024年秋

NPO法人マネー・キャリアカウンセラー協会代表
柏木理佳

共働《ともばたら》きなのに、お金《かね》が全然《ぜんぜん》、
貯《た》まりません！

著　者——柏木理佳（かしわぎ・りか）

発行者——押鐘太陽

発行所——株式会社三笠書房

〒102-0072 東京都千代田区飯田橋3-3-1
電話：(03)5226-5734（営業部）
　　：(03)5226-5731（編集部）
https://www.mikasashobo.co.jp

印　刷——誠宏印刷

製　本——若林製本工場

ISBN978-4-8379-4006-7 C0033

T30407